Jean-Marie Tronquet / Heiner Witte

Münster – 365 Tage

Das Stadtalbum

mmm
münstermitte
medienverlag

Münster ist 365 Tage im Jahr geöffnet – und das 24 Stunden lang!

365 Fotos aufgenommen zu den unterschiedlichen Jahres- und Tageszeiten haben wir für Sie aus unserem großen Fotofundus herausgesucht und zusammengestellt. Münster im Sonnenlicht aber auch mit Regen und Schnee, Münster bei Nacht mit einsamen Straßen und zur Weihnachtszeit voller Menschen.

Münster wie es feiert und wie es seinen Alltag lebt. Münster – Kunst und Kultur, Kirchen, Prinzipalmarkt, Kneipen, Wochenmarkt, Hansetafel, Hafenfest, Polopicknick und Reit- und Springturnier, Beachvolleyball, Skater, Segler und natürlich immer wieder Radfahrer. Aber auch unzählige Details, wie die Stadtkette, die Statue des Todes am Dom, die Justitia im Friedenssaal und der Bürgerpreis. Münster ist bunt!

Aber was sagen und denken die Menschen über Münster, was ist ihnen aufgefallen? Berühmte Köpfe und Menschen wie Sie und wir? Viele leben hier, andere waren in unserer Stadt zu Gast und haben sie über alles gelobt, wieder andere haben gesagt „nie wieder!". Einige wollen unbedingt nur hier wohnen und andere müssen hier ihr Dasein fristen. Von „der schönsten Stadt Deutschlands" über „konservatives Spießertum" und „mediales Nichts" gibt es zahlreiche dokumentierte Aussagen aus Büchern, Zeitungen, Zeitschriften und online-Plattformen, aus Reden, Liedern – Aussagen aus dem Hier und

Jetzt aber auch aus lange zurückliegenden Epochen, von Päpsten und Bundespräsidenten, Studenten, Schriftstellern und Sängern, gebürtigen Münsteranern und Zugereisten, literarische, launige, lustige, und auch gänzlich bösartige, exzellent formuliert bis liederlich notiert.

365 Mal stehen sich Münster in Bildern und Münster in Worten gegenüber. Manchmal unterstreichen die Worte das dort Abgebildete, aber sie können auch diametral entgegengesetzt zum Motiv sein, oder mit einem Augenzwinkern genau dorthin gesetzt worden sein. Die aktuelle Wahrnehmung durch die Linse der Kamera wird den subjektiven Worten gegenübergestellt.

Danken möchten wir den Mitarbeitern des münstermitte medienverlags, insbesondere Frau Martje Saljé, für die Textrecherche und -verarbeitung.

Lassen Sie sich überraschen von 365 Fotografien und 365 Gedanken in, aus und über Münster.

Jean-Marie Tronquet und Heiner Witte

Ich könnte reden stundenlang
und tagelang und länger
Und jahrelang voll Inbrunst sein
Der Heimat Tugend Sänger.

Götz Alsmann

Inbrunst
Heimat Tugend Sänger

Der gotische Giebel des Rathauses in seiner Wiederherstellung einzigartig gelungen, ist der Vortänzer, der Chorführer der Giebel am Prinzipalmarkt.

Gerhard Nebel

einzigartig
gelungen

Giebel des Historischen Rathauses

Im Münsterland führen alle Wege nach Münster. Die Stadt gab der Landschaft nicht allein den Namen. Sie ist ihre geographische, geschichtliche und geistige Mitte.

Anton Henze

geografische, geschichtliche
geistige Mitte

Pardo-Steg auf dem verschneiten Aasee

Wer Münster besucht, den überkommt das Gefühl, sich in einer Postkarte zu bewegen. (...) Endlich ist Münster im 21. Jahrhundert angekommen.

Christiane Hoffmans

Postkarte

21. Jahrhundert

 4. Januar Spiegelung der Dom-Türme in einem Fenster des LWL-Museums für Kunst und Kultur

LWL-Museum für Kunst und Kultur

Münster war für uns die Stadt der erfüllbaren Wünsche. Kopfsteinpflaster und Bogengänge und Giebelhäuser, die nachts wie Schauspielerinnen von unten beleuchtet waren. Ich glitt durch Münster wie auf Filzpantoffeln, bewundernd und ehrfürchtig zugleich.

Petra Reski

Nächtlicher Prinzipalmarkt mit Blick auf St. Lamberti

COUNTRY CLASSICS

Hier weiß man um die Bedeutung der Geschichte, hält sie und die Erinnerung an sie lebendig und ist gleichzeitig offen für Neuerungen und ganz im Hier und Jetzt. (...) Fahnenschlag vor dem Rathause, (...) Prozession über den Prinzipalmarkt zum Domplatz und zum Bischof, und ein Ehrentrunk aus dem Goldenen Hahn darf auch nicht fehlen, welcher auf eine weitere Legende zurückgeht – Traditionsgeschichten über Traditionsgeschichten, typisch Münster!

Martje Saljé

Traditionsgeschichten
über Traditionsgeschichten

Ruprecht Polenz
Mitglied des Deutschen Bundestags
von 1994 bis 2013
16. Dezember 2013

Ich hab da in den 90ern studiert und fands ultracool. (...) Zig Fahrradstürze rauschbedingt, eine Uni wie in Cambridge. Ach, die Jugend! Münster war schon toll – wenn nur die Westfalen nicht wären!

„antoniakonrad“

Ich finde es ist unglaublich spannend, so eine faszinierende Stadt zu führen und es macht mich stolz, darauf bauen zu können, eine Vielzahl engagierter Bürgerinnen und Bürger hier erfahren zu dürfen.

Markus Lewe

faszinierend
engagiert

Münster ist eine historisch gewachsene Stadt, die auf ihr Umfeld ausstrahlt in Kultur, Verwaltung und Wirtschaft. Aber auch umgekehrt gehen vom Land immer wieder Impulse auf die Stadt zu, so daß seit alters her eine vielschichtige und bereichernde Wechselwirkung besteht.

Liselotte Folkerts

historisch gewachsene Stadt

Erbdrostenhof in einer Winternacht

Gerade im kulturellen Bereich hat Münster ja schon immer über den Tellerrand hinaus geguckt, sich an Metropolen orientiert und von deren Ideen inspirieren lassen. Mehr braucht es nicht. Wichtig ist es, authentisch zu bleiben. Glaubwürdig. Und das ist Münster.

Henning Wehland

über den Tellerrand
hinausgeguckt

Die architektonische Wohlgestalt Münsters erweist sich aber auch für kunsthistorisch Verwöhnte, für Liebhaber und Kenner alter Städte als Überraschung und Bereicherung.

Brigitte Macher

Überraschung & Bereicherung

Blick in die Clemenskirche

Das Barockschloss, heute die Uni-Verwaltung, wirkt übrigens größer, als es ist: Geht man vorne rein, fällt man hinten fast schon wieder raus.

Jan Kisters

Barockschloss wirkt größer als es ist

Münster gewinnt einen Städtepreis nach dem anderen und steht für Lebensqualität, obwohl es eine Nieselmetropole ist.

Hilmar Poganatz

Lebensqualität
Nieselmetropole

 „Pfützen-Überspringer“ auf dem Prinzipalmarkt

Harenberg
Harenberg
Harenberg

MS ist DIE Stadt schlechthin! Metropole und Dorf, erzkatholisch und multikulturell, altbacken und freigeistig. Wo gibt es das noch? Der Aasee direkt in der Stadt und Kneipen und Cafés (...) Münster muss man erleben!

„Orthoklas“

Metropole & Dorf

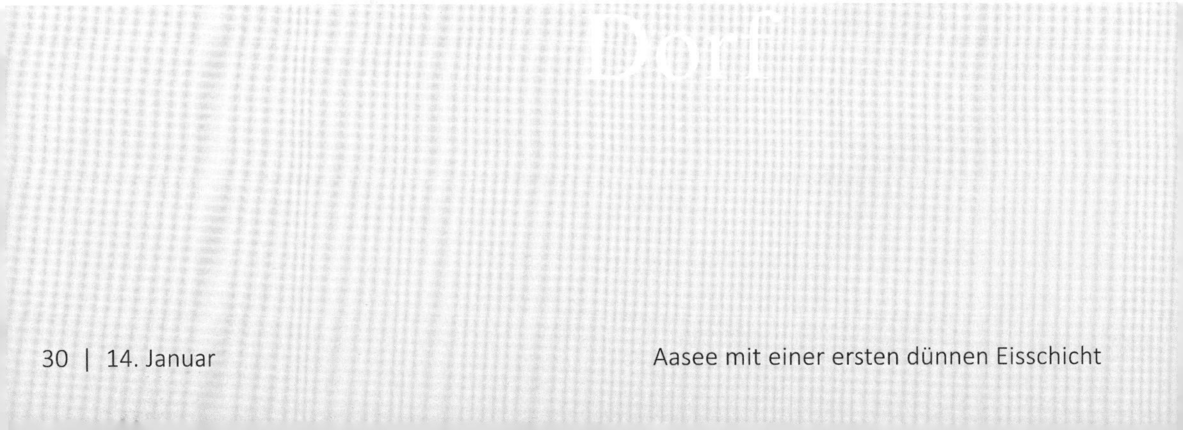

Aasee mit einer ersten dünnen Eisschicht

Das westfälische Wesen offenbart in Münster seine reifste Ausprägung. Es ist nicht derb, wie zuweilen auf dem Lande, sondern eben urban und sensibel; es gibt sich umgänglich und zuvorkommend.

Helmut Domke

Blick in die Münster Arkaden

GERRY WEBER

[The library] responds equally sympathetically to its city-centre sites, dividing into two wings above ground level to create and contain a new urban space.

Francisco Sanin

a new urban space

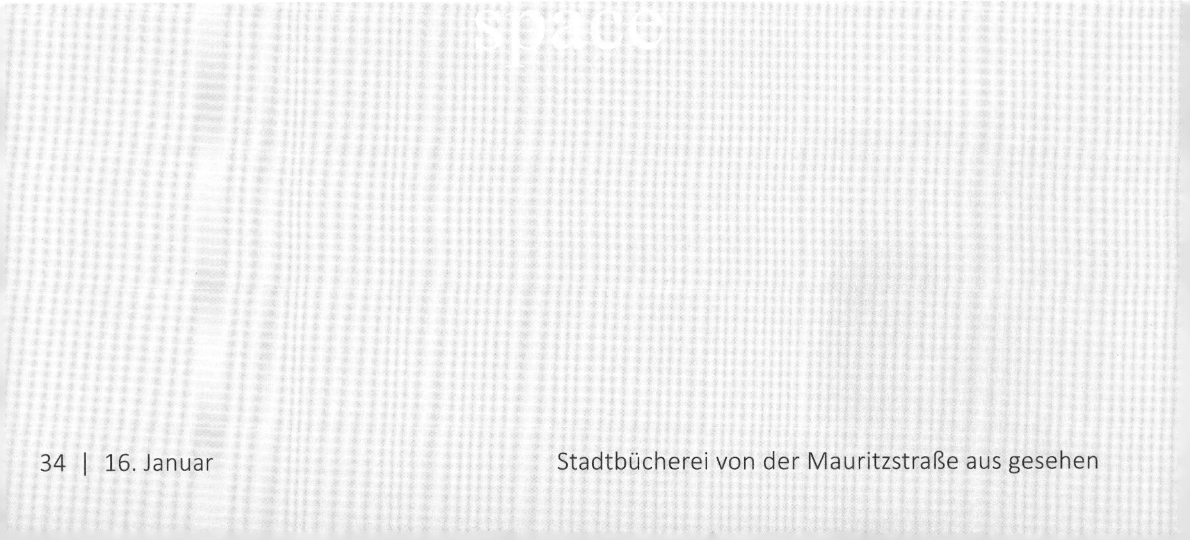

Stadtbücherei von der Mauritzstraße aus gesehen

stadtbücherei münster

Die Bedeutung Münsters ist, neben der Historie und den Münsterkrimis, auch wesentlich durch das Pferd geschaffen worden, wenn man die reitsportlichen Größen wie Dr. Rainer Klimke, Hendrik Snoek, Ingrid Klimke und Hellen Langehanenberg „als Botschafter Münsters“ betrachtet.

Robert A. Hönke

Bedeutung Münsters durch das Pferd

Herforder
LVM VERSICHERUNG
Westfälische Nachrichten
www.lvm.de
argelith
Feinsteinzeug

Diese Konzentration [von Museen] in Münsters Innenstadt ist bei der geringen Fläche der City und der Einwohnerzahl wirklich außergewöhnlich.

Barbara Rommé

außergewöhnliche Konzentration von Museen

Triceratops vor dem LWL-Museum für Naturkunde an der Sentruper Straße

Was aber gerade in neuester Zeit durch manche bemerkenswerte Bauten öffentlichen und privaten Charakters hier noch zustande kam, gibt wohl zu erkennen, daß man in Münster gewillt und in der Lage ist, das reiche Erbgut vergangener Zeiten durch Schöpfungen eigenen, fortschrittlichen Gepräges, in vollwertiger und eindrücklicher Weise zu vermehren.

Martin Wackernagel

Theater trifft Uni ---
ni trifft Theater

Das Leben in der Stadt ist aber nicht hektisch wie in einer Metropole. Hier läuft das Leben etwas ruhiger ab – aber keineswegs langweilig.

Dominik Brüggemann

ruhiger
keineswegs langweilig

Wenn sich durch ein Produkt wie die Skulptur Projekte in einer Stadt so viel verändern lässt, was die Mentalität der Menschen und die Öffnung einer Stadt angeht, dann lohnt es sich, hier Engagement zu zeigen.

Matthias Lückertz

Sonnenuntergang und Giant Pool Balls am Aasee

Man muß versuchen, sich diese Stadt anzueignen – ein jeder für sich. (...) Man verharre nicht zu lange bei der Katholizität, die ein unverwechselbares Bild der Stadt zu prägen scheint.

Gerhard Mauz

Katholizität
Bild der Stadt

Ich kenne viele Städte in der Welt. Aber keine ist wie Münster. Münster ist ja nicht umsonst die lebenswerteste Stadt der Welt geworden. Hier ist alles so sauber, gepflegt und überschaubar (...) In Münster zu leben ist wunderbar.

Dieter Sieger

keine Stadt
ist wie Münster

Fürstbischöfliches Schloss in buntem Licht

Wenn wir von Westfalen reden, so begreifen wir darunter einen großen, sehr verschiedenen Landstrich, verschieden nicht nur den weit auseinanderliegenden Stammwurzeln seiner Bevölkerung nach, sondern auch in allem, was die Physiognomie des Landes bildet oder wesentlich darauf zurückwirkt, in Klima, Naturform, Erwerbsquellen und, als Folge dessen, in Kultur, Sitten, Charakter und selbst Körperbildung seiner Bewohner.

Annette von Droste-Hülshoff

sehr verschiedener Landstrich

Historische Schule im verschneiten Mühlenhof

Die gute alte Stadt Münster hat viele Sehenswürdigkeiten und Merkwürdigkeiten. Da ist der Dom mit seinen trotzigen Zwillingstürmen, die mit ihren giftgrünen Dächern so hell aus dem dunklen Lindengrün des Domplatzes hervorleuchten...

Hermann Löns

Sehenswürdigkeiten Merkwürdigkeiten

Vom Münsteraner Designer Dieter Sieger entworfener Domstein mit St. Paulus Dom im Hintergrund

Gott sprach: „Es werde Licht", und es ward Licht –
nur in Paderborn und Münster, dort blieb es finster.

Volksmund

finster

Vorführung im Planetarium an der Sentruper Straße

Es sind neben Rathaus, Dom und Schloss auch die mutig ins Stadtbild gesetzten modernen Gebäude, (...) die zu der geschichtsträchtigen Barockstadt dazu gehören.

Lisa Brößkamp

Büro- und Geschäftshaus Kettelescher Hof an der Königsstraße

KETTELERSCHER HOF

Münster, die Stadt der drei Ks: Kinos, Kneipen, Kirchen. Ich habe alle drei Ks genossen, denn es gibt kaum eine Kirche in Münster, in der ich nicht wenigstens einmal bei der Messe gedient hätte.

Ulrich Schamoni

Kinos, Kneipen
Kirchen

St. Martini Kirche im Schnee

effata

Mein Ruhepol, mein Adrenalin-Kick, machst mich aufrecht und stark, manchmal auch ängstlich und kühl´, doch was auch war, ich hab mich hier immer lebendig gefühlt!

Soulman Seether

In der Sonne glitzernde Eisfläche im Wienburgpark

Lebensgefahr!
Vor dem Betreten des
Eises wird gewarnt!

Die bloße Verwandtschaft mit einem Prominenten und ein Doktortitel begründen noch keine Münster-Wiki-Relevanz.

Klaus Otto Nagorsnik

Münster-Wiki-Relevanz

Diese schlechthin vornehme und vielgesichtige Stadt darf mit Recht beanspruchen, die Metropole Westfalens zu sein. Sie glüht vor Leben und träumt zugleich.

Walter Vollmer

Mit dem Rad bei Sonnenuntergang über den zugefrorenen Aasee

Früh am Morgen weckte mich ein tiefer Ton, wie fernes Donnerrollen; allmählich schwoll er stärker und stärker an, und ein Chor heller Stimmen mischte sich hinein: die Glocken Münsters, die zur Frühmesse riefen. Noch lange, nachdem sie verhallt waren, schien die ganze Luft in geheimnisvoll klingende Schwingung versetzt...

Lily Braun

Glocke im St. Paulus Dom

Ob es regnet oder schneit, ob die Sonne scheint – ich bin in der Stadt nur mit meiner „Gazelle“ (Hollandrad) unterwegs.

Monika Rasche

Radfahrerin im Schneetreiben vor dem Fürstbischöflichen Schloss

KREIDLER ALU

Es gehört zum Bild von Münster, dass hoch über den Dächern der Stadt der Türmer von St. Lamberti die nächtlichen Stunden bläst, als gäbe es keine telefonische Zeitdurchsage…

Gisela Schwarze

als gäbe es keine telefonische Zeitdurchsage

Türmerin Martje Saljé

Münster ist so wie „Hamburg light“. Es hat ein bisschen was Konservatives und Gemütliches, es gibt hier so einen Landlook, wo ich immer denke, die Leute mit Geld kaufen mit angezogener Handbremse: Qualitativ sehr hochwertig aber gern mal kariert.

Guido Maria Kretschmer

Zugefrorener Aasee mit den Domtürmen im Hintergrund

Wenn abends vor die Zauberpracht der Fenster der Schleier der Dämmerung tritt, dann träumen mattgelbe Laternen am Lambertibrunnen. Leise sickert Tropfen auf Tropfen in das Becken herab. Märchenstimmung weht darum. Dann bläst der Türmer hoch über den Menschen sein Stundenlied. Ganz so, wie einst, in Zeiten, die nicht mehr sind.

Konrad Henke

Zauberpracht & Märchenstimmung

Lambertibrunnen am späten Abend

Die Kenner der Music sind in Westfalen rar; oder sie halten mehr von einem Schincken und Glaß Branndtewein als von einer gelehrten Schrifft.

Johann Mattheson

Kenner der Music

Wen Gott lieb hat,
dem gibt er Wohnung + Nahrung
in Münster.

Autoaufschrift in Münster

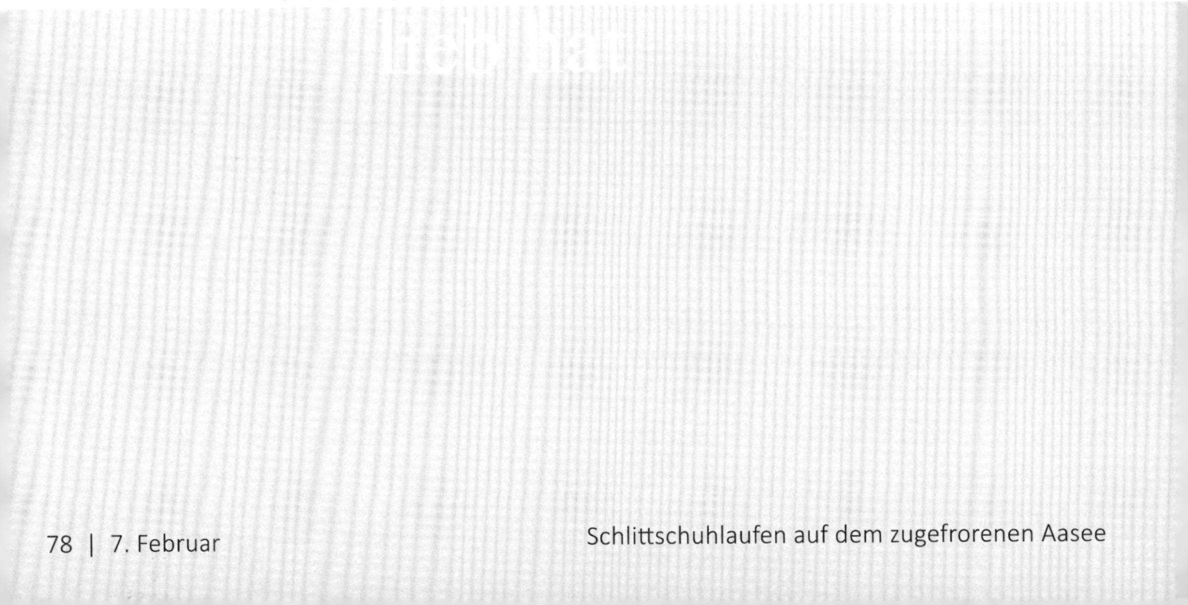

Schlittschuhlaufen auf dem zugefrorenen Aasee

Mit Annette von Droste-Hülshoff, Junkmann und Levin Schücking erscheinen die Münsteraner auf dem Plan als Verteidiger der Vaterstadt. Dichter aus der Fremde, die „Münsters Wunderwerke gesehen und erlebt“ haben, empfängliche Seelen, denen „Münster seinen Zauber enthüllt“ hat, treten an ihre Seite; und was nun von der Stadt gesungen und gesagt wird, ist eine nur selten unterbrochene Lobeshymne.

Bruno Haas-Tenckhoff

Horcht auf ihr Narrenbrüder, am schönen Strand der Aa,
und legt die Arbeit nieder, der Karneval ist da,
setzt auf die Narrenmütze, die Sorgen lasst zu Haus,
wer Frohsinn liebt und Witze, der ist heut fein heraus.
Es gibt nur ein einzig Münster, und nur einen Karneval,
es gibt auf der ganzen Welt ja nur ein einzig Freudenthal (...)

Büttenmarsch „Es gibt nur ein Freudenthal"
von der Karnevalsgesellschaft Freudenthal

(...) Doch lustig, richtig frohgemut
Geht's zu in Münsters Städtchen
Wenn Kiepenkerl zu Karneval
Am Prinzipalmarkt jodelt
Und Stuhlmacher von Fall zu Fall
Vor Menschenmassen brodelt.
Dann sind Westfalen aus dem Haus
Kommt Münsters Dom ins Wanken
Dann trinken sie den Aasee aus
Und kennen keine Schranken.

Hermann Henkel

Karnevalswagen auf dem Prinzipalmarkt

Münster lacht. Wilde, kernige Tanzeinlagen, leidenschaftliche Büttenreden, Männer, die sich als Frauen und ältere Damen, die sich als Chinesen verkleiden, dazu propere Tanzmariechen soweit das Auge reicht. Wenn Münster Karneval feiert, pupst der Grünkohl.

Andreas Weber

Münster lacht
der Grünkohl pupst

Rosenmontagzug auf dem Prinzipalmarkt

OEDING-ERDEL

Münster empfinde ich als eine Stadt in der Balance, als einen Ort, der sich als Ganzes entwickeln kann, ohne sich gleich zu vergessen.

Burkhard Spinnen

Stadt in der Balance

Wintersonne am Aasee

Eisrettungsstation
Lebensgefahr!
Vor dem Betreten des
Eises wird gewarnt!

Am Bahnhof steht ein Parkhaus für die sechzehn Trilliarden Fahrräder, die es hier gibt. Münster ist wie Peking und Amsterdam eine Radlerstadt. Das ist erst einmal sympathisch. Komischerweise dann aber doch nicht, weil die Radfahrer aus ihrer demoskopischen Überlegenheit eine Art Herrenmenschentum ableiten wie andernorts die Autofahrer.

Jan Weiler

Radlerstadt

Fahrradparkhaus am Bahnhof

Radstation
Radstation
Vermietung

„Es lebe unsere gute alte Stadt Münster!“

Trinkspruch auf dem Kramermahl

Also, Münster ist DIE ultimative Studentenstadt der Region und gehört wohl zu den beliebtesten Uni-Städten des Landes (wenn nicht sogar zu denen in ganz Europa). (...) SPIESSIG ist es hier auch NICHT. (...) Das Stadtbild ist gekennzeichnet durch eine wunderschöne historische (wenn auch etwas kitschige) Altstadt (...). Die Stadt ist insgesamt sehr BUNT und vielseitig. (...) Für JEDEN ist hier was dabei, versprochen!

„Nundenn“

Wir waren sehr erstaunt, wie viele Fahrräder es hier in dieser wunderschönen Stadt gibt und wie alles dafür ausgelegt ist. Ich kenne das gar nicht, dass es überall so viele Fahrradwege gibt. Das war sehr beeindruckend.

Joris

viele Fahrräder
wunderschöne Stadt

CINEPLEX
CINEPLEX

Man vermisst in Münster nichts, außer die drei Millionen anderen Menschen, die man in Berlin hat.

Leonard Lansink

man vermisst nichts

H&M
CHRIST
s.Oliver
P&C
e-plus
Yves Rocher
Yves Rocher

... ich habe gehört, dass es eine Universitätsstadt ist. Ich denke, das heißt billiger Kaffee, überfüllte Buchläden, fahrradbefahrene Straßen und die Luft gefüllt mit dem wunderbaren Duft überhitzter Gehirne junger Menschen.

Anthony McCarten

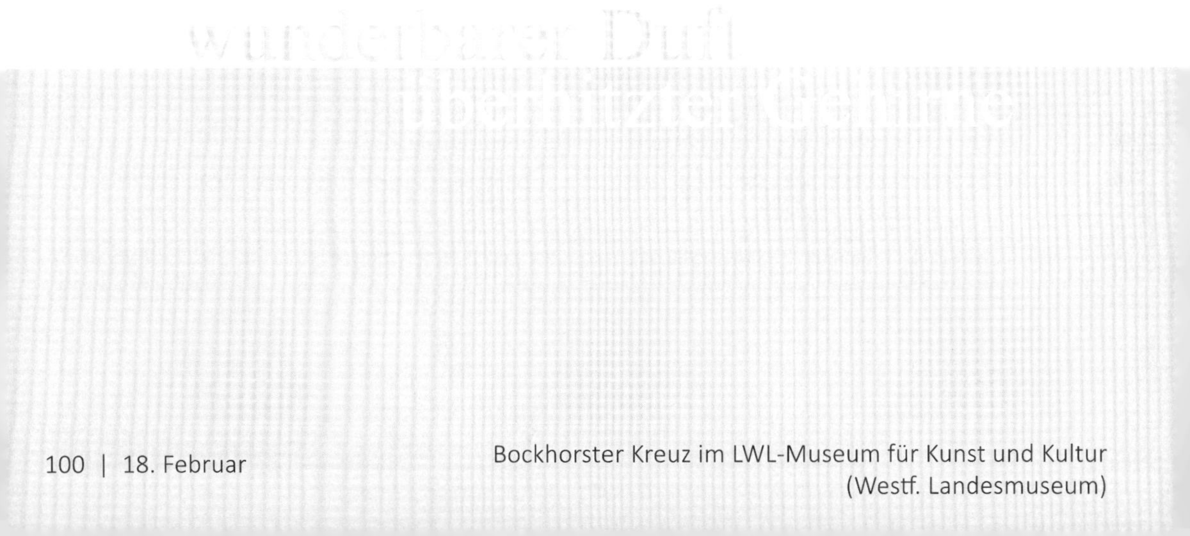

Bockhorster Kreuz im LWL-Museum für Kunst und Kultur (Westf. Landesmuseum)

Im Zeichen des Kreuzes
The Sign of the Cross

Traditionstreue und Innovationskraft, Verlässlichkeit und Originalität sind sonst eher Gegensätze. Münster hat mir immer wieder gezeigt, dass beides mit Bedachtsamkeit und Gelassenheit eine Einheit finden kann.

Karl Lehmann

Traditionstreue & Innovationskraft

 Industrie- und Handelskammer Nord Westfalen am Sentmaringer Weg

IHK

Bundesweit hat Münster einen Bekanntheitsgrad von 84,9 Prozent. In NRW kennen sogar 93,2 Prozent aller Befragten Münster. Als spontane Assoziationen wurden vor allem die Fahrräder, der Dom bzw. der Domplatz, die Universität und die Studierenden sowie die historische Altstadt genannt. Auch der Allwetterzoo und die Münster-Krimis sorgen für Bekanntheit.

Stadt Münster

Hauptdarsteller des Münster-Tatorts beim Fototermin auf dem Prinzipalmarkt (v.l.): Jan Josef Liefers, ChrisTine Urspruch, Axel Prahl, Claus Dieter Clausnitzer, Friederike Kempter

Die Beziehung zwischen der Entwicklung des Gerichtswesens und den herrschenden politischen Verhältnissen, ihre Zuordnung zum – auch jeweils in Münster spürbaren – ‚Zeitgeist' hat nicht nur die Bedeutung des Gerichtsorts Münster in seinen regionalen Bezügen geprägt, sondern auch das Lebensgefühl der Bürgerschaft (...) beeinflußt.

Jörg Twenhöven

Gerichtsort Münster
Zeitgeist & Lebensgefühl

AMTSGERICHT
STOP

Zur Identität einer Stadt gehört das Bewußtsein ihrer geschichtlichen Entwicklung und deren Bezüge zur Gegenwart. Was für jede Stadt zutrifft, gilt auch und gerade für Münster, dessen Stadtgeschichte zahlreiche Berührungen und Verflechtungen mit der deutschen und europäischen Geschichte aufweist.

Johannes Slawig

geschichtliche Entwicklung
Bezüge zur Gegenwart

Die Münsteraner Heideblümchenwelt ist sicherlich nicht jedermanns Sache. Der Stadt fehlen irgendwie die Ecken und Kanten.

„CCAA85“

Heideblümchenwelt

Kleine Wunder

So wurde in Zusammenarbeit mit der Kaufmannschaft schon im vergangenen Jahr das „Produkt“ Münster klarer umrissen: Sie ist die einzige Stadt, die von sich behaupten kann, sie sei jung, alt, klug und schön zugleich. Daß diese Talente meist schon im tiefen Mittelalter angelegt sind, stärkt ihre Kraft für die Zukunft.

Andreas Freisfeld

DES GANZEN NEUEN TESTAMENTS
(OHNE OFFENBARUNG)
AUS DEM 13. JAHRHUNDERT
AUF PERGAMENT

Münster ist auch eine Stadt der Gegensätze, das Leben besteht ja leider nicht nur daraus, an einem Mittwoch Abend in seiner Lieblingsbar Caipirinha zu schlürfen.

„David85"

Stadt der Gegensätze

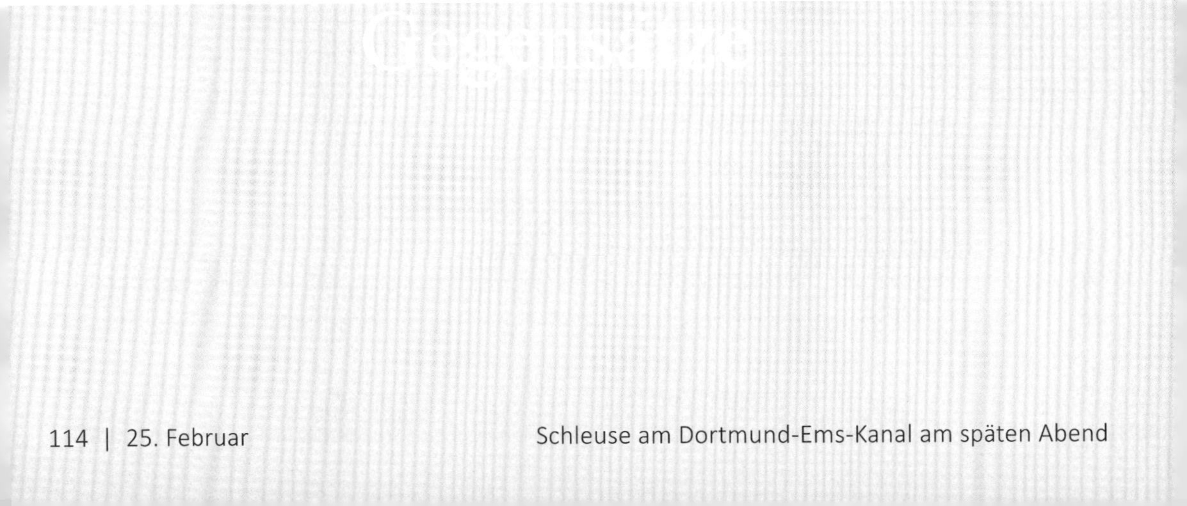

Schleuse am Dortmund-Ems-Kanal am späten Abend

EILTANK 38
DUISBURG D

(...) da ist die Lambertikirche, die uns blutige Geschichten erzählt aus böser Zeit und aus schlimmen Tagen und an deren altem Turm einst Jan von Leiden, Krechting und Knipperdolling hingen in eisernen Käfigen, allem Volk zum abscheulichen Exempel!

Hermann Löns

Turm der St. Lamberti Kirche

Viele kleinere Städte haben ein Imageproblem, es manifestiert sich in Sprüchen und kleinen Gedichten: „Und Gott schuf in seinem Zorn erst Münster und dann Paderborn.“ Münster ist vor kurzem zur lebenswertesten Stadt der Welt gewählt worden, von wem auch immer. Es gibt so viele Umfragen, da liegt jeder irgendwann vorn.

Holger Gertz

Siegesgöttin Nike auf dem Turm des Schlosses bei Vollmond

Münster ist eine Stadt für alle Generationen, die sich aufmachen kann in eine erfolgreiche Zukunft.

Markus Lewe

für alle Generationen
erfolgreiche Zukunft

Die Loyalität gegenüber der katholischen Kirche, die nahezu alle katholischen Einwohner Münsters verband, erleichterte die Wiederherstellung der alten Machtverhältnisse, die durch die zaghaften politischen Emanzipationsbestrebungen des gewerbetreibenden Bürgertums während der Jahre 1845 bis 1849 ins Wanken geraten war. Denn so wie die „katholische Frage" während der Revolution die münsterische Bevölkerung hatte mobilisieren können, so hatte der Sieg des protestantisch-preußischen Staates unter den Katholiken erneut das „Wir-Gefühl" gestärkt.

Susanne Kill

Auch wenn der schwarze Schwan Petra Münster verlassen hat, der Zauber des Aasees ist geblieben.

Gösta Clemens Peter

Zauber des Aasees

Aasee mit Blick auf die Giant Pool Balls

Münster ist eine Stadt, die polarisiert. Jeder, der hier aufwächst, jeder, der hier hinzieht, muss sich irgendwann entscheiden: Liebe ich diese Stadt oder verachte ich sie? Dazwischen gibt es nichts.

Klaus Baumeister

Liebe?
Verachtung?

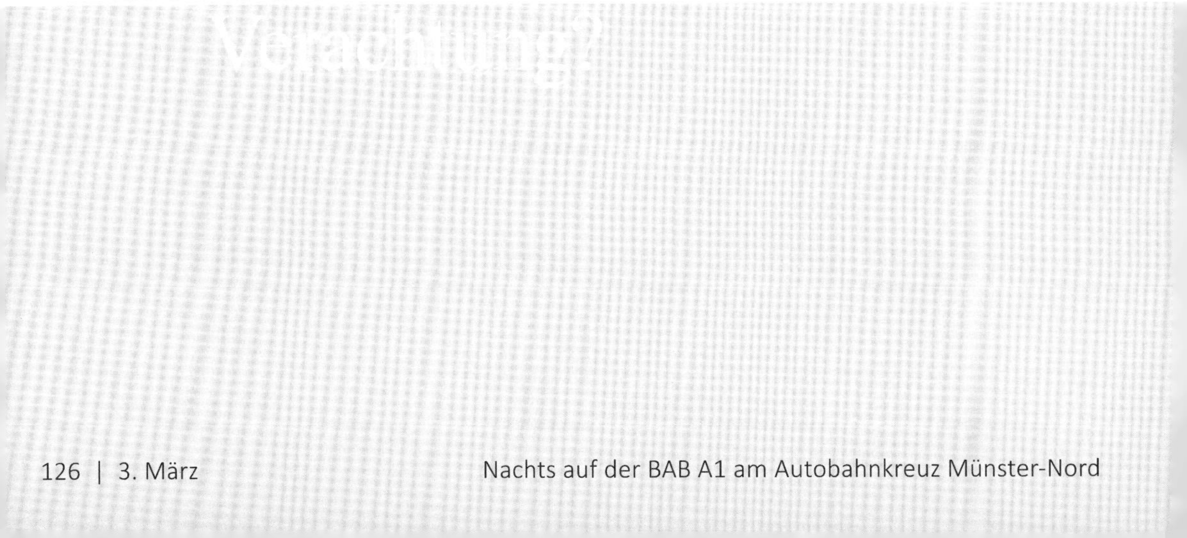

Nachts auf der BAB A1 am Autobahnkreuz Münster-Nord

Köln Dortmund
Kreuz Münster-Süd
1
1
Münster
Gronau
Steinfurt
Havixbeck
54

Diese Stadt atmet Geschichte.

Walter Lucas

Geschichte

Osterglocken vor dem Fürstbischöflichen Schloss

Münster stört mich nie.

Markus Lewe

Amtskette des Oberbürgermeisters

STADT MÜNSTER
1861
FRIEDRICH WILHELM III GRÜNDER DER STÄDTEORDNUNG
MDCCCVIII

Preußen Münster in Westfalen,
Tradition seit 100 Jahren,
mal auf dem Gipfel, mal im Tal,
pure Freude und auch Qual...

Schlappn

TUJA
HARTMANN

Manchmal ist Münster wie London. Zum Beispiel, wenn nach einigen Regenstunden am frühen Freitagabend endlich der Himmel aufreißt und die Sonne scheint. Dann spielen Londoner und Münsteraner auch bei 15 Grad Hochsommer: Alle zieht es nach draußen, ohne Jacken, mit Sonnenbrillen.

André Boße

Auf dem Prinzipalmarkt vor dem Gasthaus Stuhlmacher

STUHLMACHER

Von meiner Reise bin ich recht befriedigt zurückgekehrt. Sie war anstrengend, bot aber viel Anregendes und Lehrreiches. ... Namentlich aber Münster in Westfalen, eine ganz überraschende Stadt, tief katholisch bei ausgesprochen nord- und niederdeutscher Bevölkerung und voller altertümlicher Schönheiten.

Thomas Mann

Blick in die Liebfrauen-Überwasserkirche: bei Kerzenlicht und ohne Bänke

Es wird unheimlich viel geliebt und gesoffen in dieser Stadt.

Dieter Hildebrand

Am Zapfhahn auf dem Kreuzviertelfest

Die Wirtschaft in Münster und im Münsterland kann sehr selbstbewusst nach Düsseldorf blicken.

Wolfgang Baecker

Fernmeldeturm bei Nacht

Bis zum heutigen Tag sind viele Bürger Münsters fest davon überzeugt, daß am Turm von St. Lamberti nicht die echten, sondern Nachbildungen der Körbe hängen. Der Urheber dieser Schwindelei war wohl Professor Hermann Landois (1835–1905), Gründer des Zoologischen Gartens, der stets auf der Suche nach Objekten war, mit denen die Attraktivität seines Zoos gesteigert werden konnte. (...) Landois, der in seinen skurrilen Sammlungen mehrere Relikte aus der Wiedertäuferzeit zeigte (...) soll fortan behauptet haben, am Lambertiturm hingen Imitationen der drei Körbe, die echten habe er im Zoo.

Karl-Heinz Kirchhoff

Münster ist mir auf jeden Fall als verregnete lebenswerte Stadt in Erinnerung geblieben, und oft, wenn ich schlechte Laune habe, schaue ich im Internet auf www.wetter.de, ob es in Münster regnet. Es regnet fast immer, und so bessert sich meine Laune.

Wladimir Kaminer

Spiegelung des Rathausgiebels in einer Pfütze

Ein Bild von Münster gibt es nicht. Man kann Münster und das Münsterland nur in Bildern zeigen, aus denen sich jeder sein eigenes Bild zusammenfügen mag.

Gerhard Mauz

Figur der Justitia über dem Kamin im Friedenssaal

Nach den mächtigsten Institutionen und Personen der Stadt Münster gefragt, vernahmen wir unisono, dass vor allem politische, wissenschaftliche und religiöse Instituionen und Personen besonders herausragend seien, wobei vor allem dem Oberbürgermeister, der Rektorin der Universität sowie dem Bischof Macht und Einfluss zugesprochen wurden. Aber auch Führungskärfte aus der Wirtschaft und deren private Netzwerke wurden hier genannt.

Dieter Hoffmeister / Björn Wendt

Macht & Einfluss

Bischof Felix Genn vor dem Dom

Ich habe bis vor fünf Jahren in Münster studiert und bin nur aus beruflichen Gründen weggezogen. Für mich ist Münster DIE Unistadt schlechthin. Und auch für Nicht-Studenten gibt es meiner Meinung nach kaum eine Stadt mit einer höheren Lebensqualität als Münster.

„Ostwestfale“

die Unistadt schlechthin

Jogger am Aasee im Abendlicht

Die Stadt Münster ist Schlaraffenland und das kann sehr schnell in so ein Disneyland mutieren. Man muss also bestimmte Erwartungen unterlaufen, aber man muss sich auch noch was Neues einfallen lassen.

Kasper König

Schlaraffenland
Disneyland

„Schauraum“: illuminierte Ludgerikirche

Überall spürten wir Begeisterung. Sowohl beim Rathaus, als auch beim Stadttheater haben wir münsterschen Bürger uns selbst ein Denkmal gesetzt.

Pinkus Müller

selbst
ein Denkmal gesetzt

Besuchergruppe im Friedenssaal

Wir sind kein Museumsdorf. Wenn sich Urbanität nur an Architektur messen lässt, ist sie für mich sowieso ein Fake. Sie muss erlebbar sein. Die Vielschichtigkeit dieser Stadt kann man einatmen. Man muss sich nur auf sie einlassen.

Tobias Viehoff

kein Museumsdorf

Ausgefallene Architektur: ZEB-Gebäude an der Hammer Straße

Nein, Münster ist keine Diva wie München, kein glamouröses Starlet wie Düsseldorf. Münster braucht ihn nicht, den Prunk und Protz, mit dem andere Städte sich ins Rampenlicht setzen. In einer Welt voller Hochspannung ist Münster Ruhepol und Fels in der Brandung. Liebenswert, weil es vertraut und doch zugleich auch immer wieder überraschend erscheint.

Alexandra Mai

Ruhepol
Fels in der Brandung

Auferstehungsfeier vor dem Dom

Alte Städte, die jung geblieben sind, stecken voller Geschichten, sind voll von Anekdoten, Ereignissen und Namen. Münster in Westfalen ist eine solche Stadt.

Klaus Otto Nagorsnik

1200 JAHRE BISTUM MÜNSTER
KANAL & GUSS

Von allen Städten Westfalens ist Münster die vornehmste, ja in ganz Deutschland gibt es keine, die ihr darin gleichkommt.

Ricarda Huch

Zumnorde
SIGNORA

Münster hat einen großen Freizeitwert, und das Team hat in Münster immer eine gute Stimmung. Dazu kommt, dass die meisten Münsteraner sich auf Filmarbeiten in ihrer Nähe noch freuen und natürlich auf unsere Hauptfigur: Wilsberg, Leonard Lansink.

Anton Moho

Freude auf Wilsberg

 Wilsberg-Darsteller Leonard Lansink mit dem Inhaber des Antiquariats Michael Solder

Antiquariat Wilsberg

Worte reichen kaum aus, die Ausstrahlung, den Charme Münsters zu beschreiben. Man muss es schon erleben.

Monika Bröker

Ausstrahlung & Charme

Siegesgöttin Nike auf dem Turm des Schlosses bei Sonnenuntergang

Ach, Münster! Generationen von Studenten geraten ins Schwärmen, sobald es um ihre alte Universitätsstadt geht. Altbierbowle bei „Pinkus Müller", Flirts im „Café Schucan", Arbeitsgruppen am Aasee, Pättkes-Touren in die Rieselfelder, Schlemmerzüge auf dem Send – wer könnte das je vergessen? Kein Wunder, denn die 1.200 Jahre junge „Perle Westfalens" macht es einem leicht, sich im Handumdrehen zuhause zu fühlen.

Martina Wengierek

sich im Handumdrehen
zuhause fühlen

Gondel eines Send-Fahrgeschäfts vor den Domtürmen und dem Turm von St. Lamberti

Nice Munster, every day!

„John“

Frühjahrssend: Feuerwerk vor der Kulisse des Schlosses

Obwohl sich Münster in den letzten Jahren stärker verändert hat als in den Jahrzehnten zuvor, ist eines konstant geblieben: Die Neigung zur Realsatire.

Carsten Krystofiak

Neigung zur Realsatire

Sparda-Bank

Münster steht mit seiner großen Geschichte und Kultur lebendig im Strom der Zeit. Und mutig und zukunftsgläubig zu sein ist für jede Generation tausendmal mehr als beiseite zu stehen und nur den Taten und Zeiten der Väter nachzutrauern.

Josef Bergenthal

Professor T. A. Nowak an der Schuke-Orgel in St. Lamberti

Münster ist hochattraktiv. Es hat eine gesunde, mittelständische Struktur, sehr viele unterschiedliche attraktive Arbeitsplätze und auch bedeutende Industrie. Das Große und das Kleine halten den Wirtschaftsstandort gesund.

Bernadette Spinnen

Es gibt eine Eigenschaft, die nahezu auf jeden Münsteraner zutrifft: Er identifiziert sich mit Münster und will nur das Beste für seine Stadt. Was das Beste ist, kann er – im Zweifel sogar ohne Faktenkenntnis – allein kraft seines Expertentums als Münsteraner auch selbst am besten beurteilen. Daraus leiten sich – nach meiner Wahrnehmung – zwei Lieblingsbeschäftigungen ab: 1. Pläne schmieden – zum Besten der Stadt – und 2. Pläne anderer zunichte zu machen – ebenfalls zum Besten der Stadt, versteht sich!

Ursula Nelles

Identifikation mit der Stadt

(...) Het was op enen Maendach,
Dat men den Storm voor Munster sach,
Outrent den seven Uren,
Dar bleef so menich Lantsknecht doot,
Te Munster onder die Mueren.
(...) Die dit Liedeken eerstmal sanc,
Eeen vroom Lantsknecht is hi genaemt,
Hi hevet ser wel gesongen,
Hiheeft te Munster aen Dans geweest,
Den Rei is hi ontsprongen.

(Landsknechtlied)

Statue des Todes am St. Paulus Dom

Lebewohl, sonderbares, lieb gewonnenes Münster, fromme, kräftige Stadt. Ich wünsche Dich vielen Besuchern. Denn dies ist eure Stadt, die ihr es liebt, in dämmerigen alten Kirchen zu beten und auf den stillen grünen Plätzen, die sie umgeben, Kindern und Vögeln nachzuschauen; eure Stadt, ihr einsamen Wallgänger, Liebhaber der Vergangenheit; eure Stadt, ihr Pfeifenraucher, die ihr vor dem Kiepenkerl-Denkmal behaglich und dankbar den Hut abnehmen mögt; eure Stadt, ihr Korntrinker, Pumpernickelverehrer und Schinkenverzehrer, herzhafte Hinnehmer jeder herzhaften Bodengabe.

Werner Bergengruen

Bei einem Besuch in Münster spielt es keine Rolle, ob man zum Shoppen hier ist, sich für die Geschichte der Stadt und deren Bauwerke interessiert, oder ob man einfach nur ein paar schöne Tage hier verbringen möchte.

„Lufthansapilot“

Westfälische Gastlichkeit: Blick in den „Hof zur Linde“ in Handorf

Ein bisschen spießig, ein bisschen provinziell – das war ein Image, gegen das Münster, die heimliche Hauptstadt Westfalens, lange ankämpfte. (...) Hier soll zwar hartnäckig haltenden Gerüchten zufolge nicht so häufig die Sonne scheinen, und angeblich zählen Münsteraner auch nicht zu den offenherzigsten Zeitgenossen – doch leben lässt es sich (...) trotzdem gut. Und das haben die Münsteraner nun auch amtlich: Als erste deutsche Großstadt überhaupt hat Münster die Goldmedaille des LivCom-Awards erhalten – als lebenswerteste Stadt der Welt. (...) Das Bild von der verschlafenen Provinzstadt, das Münster manchmal anhängt, scheint mit dem Preis ad absurdum geführt.

Roman Heflik

leben
lässt es sich gut

ATOMKRAFT?
NEIN DANKE
BI Ahaus

Ich habe in Münster und Umgebung mehr Käuze, mehr Menschen mit flinkem Witz kennengelernt als anderswo. Und ich habe die Erfahrung gemacht, dass Bigotterie und Spießigkeit, eine durch die Tabuschranken von Klerus und Obrigkeit verzögerte Fortschrittlichkeit oder Bewusstseinsveränderung des Bürgers hier keine größeren Entwicklungsschäden anrichteten als etwa auch in München, Mainz oder Köln.

Michael Lentz

Deutsche Bank
TAILOR

MS ist auf jeden Fall – zumindest im passenden Alter – besser als sein Ruf.

„mulomakeimer“

Münster besitzt Wohlfühlqualität, hat eine historische Identität und strotzt vor Kultur.

Wirtschaftsförderung Münster

Wohlfühl-
qualität

Nach Münster kommen die Touristen, um Kunst und Kultur zu genießen, zum Einkauf und um die Stadt und das Münsterland mit seinen 4500 Kilometern Radwegen per Rad zu erkunden. Wie anderswo ein Begrüßungstrunk ist hier im Wochenend-Arrangement das Leihrad inklusive.

Hermann Meyersick

Münster hat unglaublich viel Charme, ist jung und dynamisch. Nicht zu vergessen sind eine gute Infrastruktur, eine hohe Kaufkraft, tolle Freizeitmöglichkeiten. Mich kriegt jetzt auch keiner aus Münster weg, ich habe mich in die Stadt einfach verliebt.

Hamid R. Rhegat

in die Stadt verliebt

BREAK DANCE
Nº2
6 Lose
15 Lose
6 Lose

Wäre also auch, als der Name „Münster“ zu urkundlichem Gebrauche gelangte, nicht ein Schatten von der alten und eigenen Bedeutung des monasterium übrig geblieben, so würde dies doch unläugbar nur dann von entscheidendem Gewichte sein können, wenn auch die Benennung selbst aus dem Leben des Volkes völlig verschwunden wäre. Nun ist aber dies so wenig der Fall gewesen, daß sich vielmehr der alte Name (...) bis in die Mitte des dreizehnten Jahrhunderts hinein in zahlreichen Urkunden für die beiden Domkirchen [Anm.: gemeint sind Überwasser und der Paulus-Dom] verfolgen läßt. (...) daß für die Domimmunität der Name Mimigardevord noch eine Zeitlang fortgedauert habe, als die Stadt schon Münster genannt sei.

J. H. Beckel

Gulli-Deckel mit Relief des Doms

1200 JAHRE BISTUM
805 - 2005

Beim Segeln muss man viel Gefühl entwickeln. Dazu eignet sich diese Pfütze hier, der Aasee, hervorragend.

Peter Overschmidt

Optimisten-Regatta auf dem Aasee mit dem „Schwarzen Schwan“

GER
12939
GE
8245
GER
10819
GER
8112
Hurricane
EMSHAI

Die herrlichen Giebelhäuser am Prinzipalmarkt tragen das Gepräge gesicherten Wohlstands und begründeten Selbstbewusstseins.

Ricarda Huch

Wohlstand & Selbstbewusstsein

Geschmückter Prinzipalmarkt

Schon immer ist es bei Münsters Studenten um das geklaute Fahrrad, den Wildpinkler, den Gröler in nächtlichen Gassen oder um Pinkus Alt gegangen. Und die eigentümliche Atmosphäre zwischen Schloss, Bullenkopp und Fürstenberghaus scheint ewig.

Helmut Rücker

eigentümliche
Atmosphäre

Nächtliche Stimmung vor der „Cavete“ im Kuhviertel

CAVETE
CAVETE
ALTSTADT

Münster ist auch meine absolute Lieblingsstadt – nach Köln jetzt. Ist keine Schleimerei, das meine ich total ernst. (...) – ich liebe Münster total! Zunächst mal liebe ich die Struktur. Ich bin ja deutsch und mag es somit, wenn es ordentlich ist. Da fühle ich mich direkt wohl, alles ist sauber, man blickt schnell durch. Man setzt sich aufs Fahrrad und fährt rum, es gibt ‚ne tolle Innenstadt, der Zoo ist superschön. (...) Ein sauberes Amsterdam.

Anja Krips

Wissenschaft und Lebensart zeichnen Münster aus. Das UND ist das Besondere. Münster ist modern und konservativ zugleich. Immer für eine Überraschung gut, aber auch nicht ständig dabei, sich zu übernehmen (...)

Bernadette Spinnen

Immer für eine Überraschung gut

Blick über die Innenstadt mit Dom und Lambertikirche

Als Student bin ich hier hängengeblieben, ich lebe gerne hier, weil Münster eine Stadt ist, klein genug, daß man auf der Straße den einen oder anderen immer wieder trifft und groß genug, um Anregendes und Kreatives zu finden.

Christoph Schmidt-Ehmcke

klein genug
& groß genug

 Osterfeuer an Pastors Garten in Kinderhaus

In Münster gehört zur Bürgerehre eine anarchische Eigenwilligkeit, deren behaglicher Stolz jäh hervorbricht, wenn ihre vornehme Nüchternheit mißachtet wird.

Jasper von Altenbockum

anarchische Eigenwilligkeit
vornehme Nüchternheit

Fesselballone über Münster am frühen Morgen

Zu groß ist die Gefahr, dass der in diesem Jahr beginnende Beratungsprozess über Münsters Zukunft in eine windelweiche Kompromissformel mündet: Ein bisschen Prinzipalmarkt, ein bisschen Preußen, ein bisschen Pumpernickel.

Klaus Baumeister

Prinzipalmarkt, Preußen & Pumpernickel

Preußenfans im Fussballstadion

SC PREUSSEN MÜNSTER
Neunzehnhundertsechs
SC PREUSSEN 06 e.V. MÜNSTER
S.C. PREUSSEN MÜNSTER
PREUSSEN 06 e.V. MÜNSTER
You'll never walk alone
LUNATIC
Münster

Das Land NRW ist stolz auf Münster und seine hochwertige Universität. Münster ist für jeden erkennbar und weitbekannt eine Stadt der Wissenschaft. Es brauchte viele Akteure um gemeinsam an dieser Erfolgsgeschichte zu arbeiten. Und es ist sehr wichtig, dass alle Beteiligten von Stadt, Uni und Land, an einem Strang ziehen um den Wissenschaftsstandort Münster weiter zu stärken.

Svenja Schulze

Stadt der Wissenschaft

FILL
EMPTY

Bicycles rule in studenty Münster, which, with twice as many bikes as people is Germany's most cycle-friendly city. (...) Watch your step though, for those cyclists are not to be messed with.

„Rough Guides“

Münster Bemühen um das Image der Stadt, die seinen Einwohnern mehr zu bieten hat als beamtig-konservatives Spießertum, wirkt aufgesetzt und bestenfalls unfreiwillig komisch. (...) Wenn du die Chance hast, geh in eine andere Stadt! Die Welt ruft.

„carolola“

Geh in eine andere Stadt!

Münsters grüner Gürtel. Einfach, aber vielfältig. Früher immer ein Teil meines Schulweges, heute eigentlich fast Bestandteil im täglichen Leben. Egal, ob radeln in die Innenstadt oder irgendwo anders quer durch die Stadt. Über die Promenade kann man am besten fahren, wenn es von A nach B geht in der Innenstadt – quasi die ‚Radumgehung'. Bei manchem Zweiradritter fragt man sich, ob er die Promenade wirklich als Münsters Fahrradautobahn desinterpretiert, manche Vorfahrtsregel oder Ampel nur für Touristen ist, aber wer sich wie der Großteil an alles hält, kann den Weg genießen.

„Dominik B."

einfach

Bei voller Fahrt: Blick über den Fahrradlenker auf die Promenade

Peter Wilson‘s new Munster library is a complex and intricate building. (...) Wilson‘s building is thus both an intimate place of information, of quiet and education as well as a new formal focus for the city of Munster as a whole.

Francisco Sanin

Eingang der Stadtbücherei

AMNESTY

Ich liebe Münster. Richtig nette statt [sic!]. (...) In Münster gibt es alle Sorten Mensch. Wenn einer meint, er käme da mit niemandem klar, dann kommt er vermutlich überhaupt mit niemandem klar.

„peter punk"

HWK
HWK

Dieser ganze „Münster ist schön“, „lebenswerteste Stadt der Welt“, Vermarktungs-Tourismus-Ausschlachtungs-Hype ist mir irgendwann auf den Sack gegangen. Ich finde, dagegen kann man etwas tun.

Tilman Rademacher

Ausschlachtungs-Hype

Zwillingskammer in der Schleuse am Dortmund-Ems-Kanal

LÜBBENAU

This must be the „fittest“ place in Germany. People are cycling, running, rollerblading and walking all over the city.

„atlanta04”

Jogger am Aasee

Immer wieder gab es „Aufreger“ wie etwa die Aaseeterrassen oder die Stubengasse. Wegen des Erscheinungsbildes in der Rohbauphase gab es kritische Stimmen. Inzwischen hat sich in beiden Fällen weitgehend die Meinung durchgesetzt: „Das ist gelungen.“

„architekt“

TAILOR

Während in der historischen Innenstadt um den Prinzipalmarkt herum die Atmosphäre und der Eindruck des mittelalterlichen Straßennetzes weitgehend erhalten blieben, sind andere Gebiete wie etwa das Bahnhofsviertel durch den damaligen Wunsch geprägt, sich als moderne, verkehrsfreundliche Stadt zu präsentieren.

Regine Schiel

STUHLMACHER
68
KTM

Wichtig ist eh das Gesamtpaket, und das stimmt in MS.

„Teletobi“

Münsters Küche ist mehr als ihre schmackhaften und zugleich berühmtesten Botschafter Pumpernickel und Schinken.

Christa Rammes

Pumpernickel & Schinken

Der Markt in Münster ist wie ein kleiner Urlaub …
Zweimal die Woche.

Andrea Arcais

Wochenmarkt vor dem St. Paulus Dom

DIE

In jeder der wiederaufgebauten alten Straßen der Stadt weiß man, daß man in Westfalen und im alten Münster weilt. Das bedeutet für mich wie für jeden alten Münsteraner, auch in dieser neuerbauten Stadt zu Hause, in alter Heimat zu weilen.

Werner Schütz

alte Heimat

Buddenturm an der Münzstraße

Es war ein Sommertag 1982 mit strahlendem Sonnenschein und ich saß den ganzen Nachmittag wie verzaubert auf dem Prinzipalmarkt. Diese Bögen, die alten Gebäude und Kirchen – all das hat mich an zu Hause erinnert, an die italienischen Piazze. (...) Ich habe mich sofort in die Stadt verliebt und gedacht: Mensch, hier würdest Du gern leben wollen.

Carmelo Caputo

GANT

Dortmund ist der Parkplatz von Hamm und Münster
unser Bauerwartungsland.

Thomas Hunsteger-Petermann

Luftaufnahme vom Dom

Es sind Unternehmer und Wissenschaftler, die in ihr Business, und damit auch in ihre Stadt investieren; Arbeiter und Angestellte, die mit Begeisterung am öffentlichen Leben teilnehmen; exzellent ausgebildete Zukunftskräfte, die später einmal zu Botschaftern werden und Traditionsfamilien, die ihre historischen Wurzeln pflegen. Sie alle machen Münster lebenswert und unverwechselbar.

Wirtschaftsförderung Münster

Zaubersee und Fontäne am Germania Campus

GERMANIA
BRAUEREI

Münster ist sooooooooooooooooooooooooooo toll!! (...) Ich muss zugeben, man sagt den Münsteranern nicht zu Unrecht eine gewisse Sturheit nach, aber wer sie einmal geknackt hat, findet dort wundervolle Menschen.

„zelda“

Begehrte Plätze vor „Stuhlmacher“

HLMACHER
DORTMUNDER UNION-BIER
STUHLMACHER

Sie können hier rundherum glücklich sein, es ist eine Stadt, die lässt Sie in Ruhe, wenn Sie es wollen. Aber sie nimmt Sie auch in den Arm, wenn Sie das möchten. Wir haben Kultur, Grün, sattes Leben. Als ich zum ersten Mal hierher kam, wusste ich: Hier kannst Du leben.

Roland Kaiser

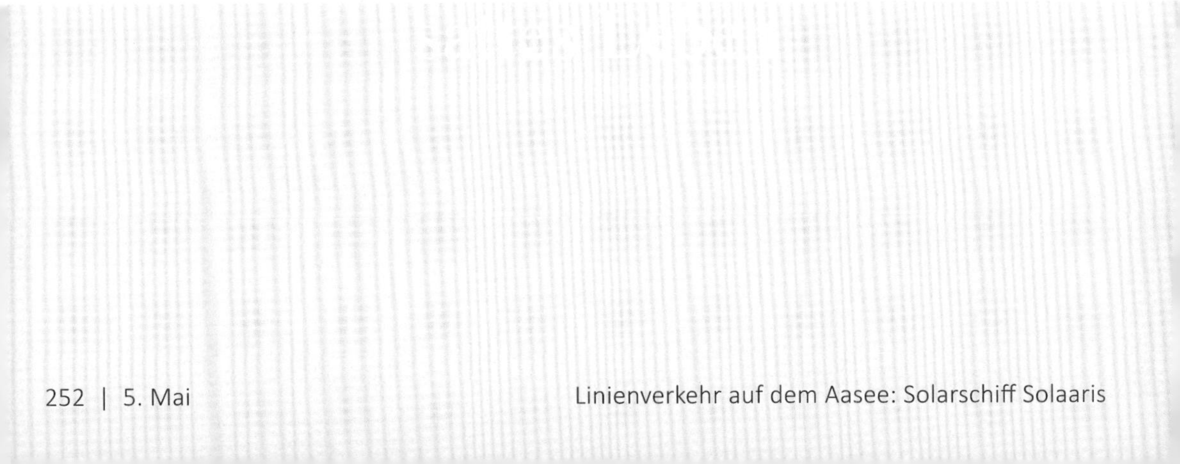

Linienverkehr auf dem Aasee: Solarschiff Solaaris

Das Publikum in Münster ist jung, riecht gut
und ist immer total schön.

Maxi Gstettenbauer

Skatenight: die größte Skateveranstaltung des Münsterlands

Münster ist nicht piefig, nicht klein, nicht unübersichtlich.
Münster ist kompakt, urban, grün.

Hartwig Schultheiß

Blick über den Schlossturm auf die Innenstadt

Vor allem zieht das Rathaus unsere Blicke auf sich; ich glaube nicht, dass Deutschland irgend eins besitzt, welches wagen dürfte, sich mit ihm zu messen...

Ferdinand Freiligrath / Levin Schücking

Nachtwächter-Stadtführer vor dem blau erleuchteten Rathaus

Gerade wenn es einem gut geht, muss man Vollgas geben. Wir Münsteraner neigen ja mitunter zur Selbstverliebtheit.

Matthias Lückertz

ANKAUF
RUHRMANN-LOGISTIK.de
KANALSPEDITION

Ich habe schon viele Städte gesehen und ich muss sagen Münster ist wirklich etwas ganz besonderes! (...) Münster ist einfach wunderschön – eine bunte, internationale Studentenstadt mit sehr viel grün ☺

„Rinzai“

START
THE COLOR RUN
THE COLOR RUN

Münster ist gespickt mit traumhaften Oasen und Orten der Ruhe, wie auch Plätzen der Begegnung und Kultur.

Markus Lewe

Oasen der Ruhe

Haus Rüschhaus am frühen Morgen

Hier in Münster fühle ich mich sehr wohl. Sonst hätte ich es wohl auch kaum so lange – 30 Jahre – ausgehalten.

Jürgen Kehrer

Münster ist in seiner Art einmalig. Ich bin der Meinung: Solch eine schöne Stadt muss man sich in Deutschland erst einmal suchen.

Constantin Freiherr von Heereman

EINMALIG

Schloss Wilkinghege mit der Hochzeitskapelle im Vordergrund

Natürlich wird von Münster auch heute noch als von dem „Rom des Nordens“ gesprochen. Die Nachfolger Ludgeri sitzen auf einem bedeutenden Bischofsstuhl. Trotzdem ist auch in Münster vieles anders geworden. Im Rathaus regieren zwar mit Mehrheit die Christlichen. Aber das Stadttheater ist berühmt für seine Brechtinszenierungen.

Fritz Brümmer

Rom des Nordens

Was für eine Karriere! In den 80er Jahren war der Stadthafen I ein schmutziger Hinterhof, den die Münsteraner konsequent ignorierten.

Jörg Heithoff

Passagierboot vor der Kunsthalle Münster

BOOTSFAHRTEN

Das Museum ist weit mehr als die Realisierung von Architektur. Es ist die Übertragung eines inhaltlichen Konzeptes in neue Architektur und für Münster von enorm kultureller und städtebaulicher Bedeutung.

Hermann Arnhold

neue
Architektur

Hoch in den Himmel empor, reckt das herrliche Rathaus den Giebel,
würdige Väter der Stadt tagen im festlichen Saal!

Fabio Chigi

Münster ist ein altes räuchriges Nest.

Karl Leberecht Immermann

Beachvolleyball auf dem Schlossplatz

smart
congstar
LEIBNIZ
IMMER ÜBERS NETZ
sky
LVM
Microsoft

Die Stadt Münster verdankt es der Weisheit ihrer Stadtväter an entscheidenden Wendemarken der Baugeschichte, daß ihr die schlimmsten Folgen einer menschenfeindlichen Architektur erspart blieben. Die Unverwechselbarkeit des Raumgefüges blieb, auch wo modernere Handschriften Akzente ins Stadtbild setzten.

Cornelius Riewerts

Usse laiwe Heimaotstadt Mönster, de Hauptstadt van Westfaolen, häww alltid iähre eegene Art wahrt und fasthollen an de aollen Brük. Man kann driste säggen, datt et weinige graute dütske Städte giww, wo dat Plattdütsk noch so verwuortelt is, äs in Mönster. Uß is dat Plattdütsk Hiärtenssake, un wi will düsse Spraok, de wi van usse Vüöräöllern iärwt häbt, wahren, hiägen und haug in ehren hollen.

Gerhard Boyer

Trinkgefäß aus vergoldetem Silber: Goldener Hahn im Friedenssaal

Cafés & Schuhläden

Viele meiner Mitschülerinnen haben hier studiert. Ich habe damals mehr die wunderbaren Cafés und die hervorragenden Schuhläden genossen.

Monika Schulz-Strehlow

H&M
CHRIST
s.Oliver
P&C
P&C
Midtown

Wir nähern uns der Promenade, stop, Fahrräder kreuzen, von rechts, von links, weiter, nein, noch einer zockelt gemütlich nach, Münster, Radfahrer spielen hier die erste Geige.

Gerd Böckmann

Die Stadt ist urig vielfältig, heimatlich-bodenständig und trotzdem weltoffen und modern. Vielleicht ist es diese Mischung, die Münster abhebt von anderen Großstädten ...

Helmut Etzkorn

Münster hält in Sachen Musik einige Überraschungen bereit, die es zu entdecken gilt. Das Musikleben dieser Stadt ist von bemerkenswerter Strahlkraft und steht in voller Blüte.

Thomas Eickhoff

Band und Zuschauer auf der Grünflächenunterhaltung

Münster? Schwarz wie der Teufel, rein wie ein Engel und süß wie die Liebe …

Lisa Fraszewski

Am frühen Morgen in der Kreuzstraße im Kuhviertel

Himmel

Münster ist mein jetziges Zuhause. Darüber hinaus interessiert mich die Stadt besonders architekturhistorisch, kulturwissenschaftlich und bezogen auf die Geschichte, die um und mit Skulptur Projekte verbunden ist.

Brigitte Franzen

mein jetziges Zuhause

Giant Pool Balls am Aasee

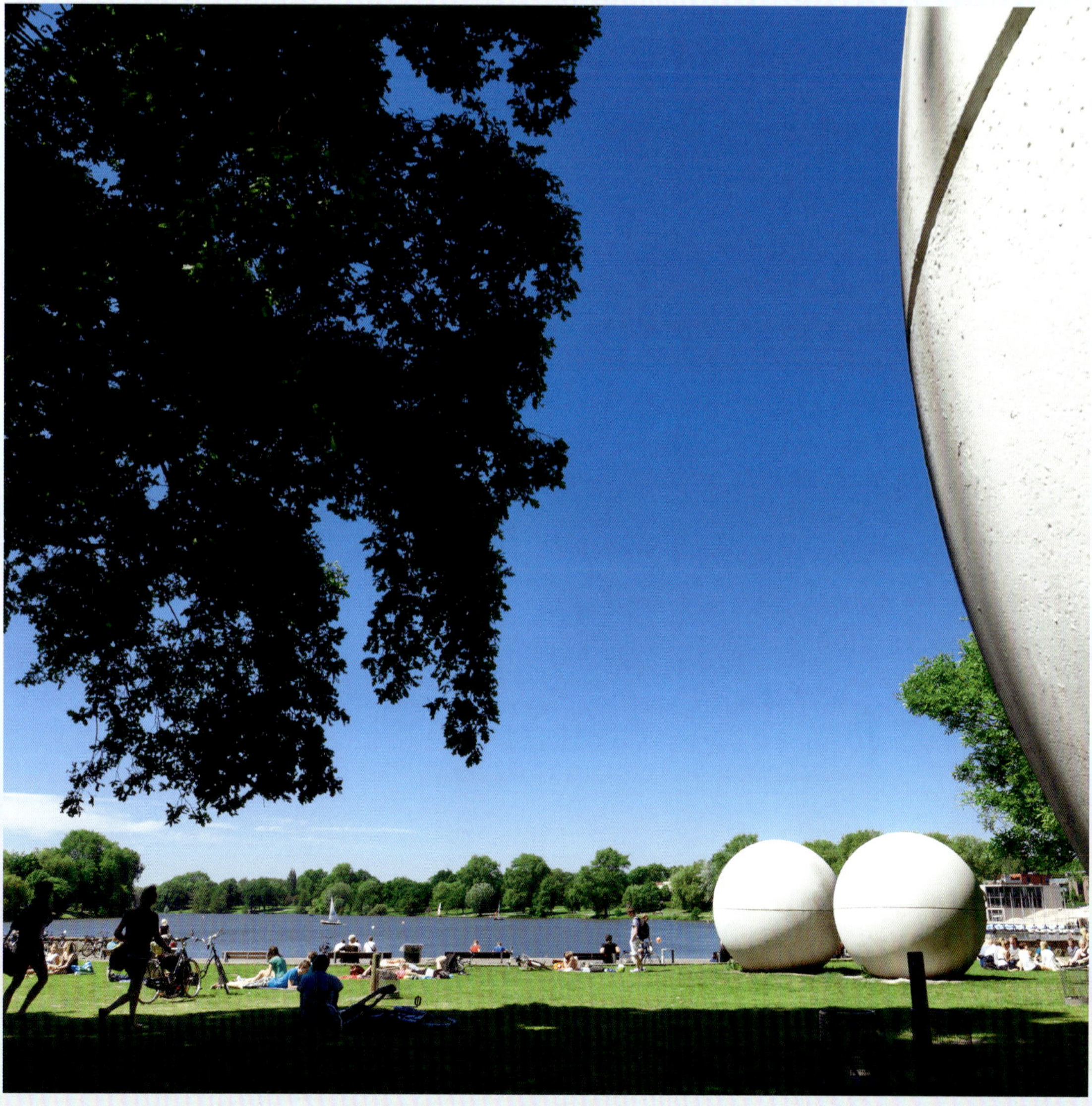

Die Geschichte der Stadt Münster ist eine ununterbrochene Bemühung, über die Grenzen des Stadtkreises hinaus kulturelle Wirkungen in den westfälischen Raum und ins deutsche Vaterland auszustrahlen.

Wilhelm Vernekohl

Ausstrahlung kultureller Wirkungen

Feuerwerk anlässlich der Aaseerenaden

Münster, die Stadt der Kirchen! Die Stadt der hohen, frei ragenden, die Stadt der zierlich verklärten, der atmenden Heiligtümer. Hoch in den Lüften, über den Wohnungen der Menschen, reichen sie sich die Hände. Ihr Glockenreigen gibt der Stadt den Rhythmus.

Konrad Henke

Glockenreigen Rhythmus

Man muss Münster erleben, um den ultimativen Wert dieser Stadt schätzen zu können.

Lisa Brößkamp

Kinderspaß im Maxi-Sand auf dem Syndikatplatz

Münster vereint scheinbar Widersprüchliches. Die Stadt hat viel Geschichte und eine dynamische Jugendlichkeit.

Golo Berg

Ich glaube überhaupt nicht, dass irgendeine Stadt schöner ist als Münster, und wenn ich jetzt dahin komme, ist es für mich ein unerhörter Genuss, auf den Promenaden spazieren zu gehen, durch die alten Straßen zu laufen, in die Kirchen zu gehen und in das schöne Museum mit seinen herrlichen Skulpturen und Soester Bildern...

Alfred Flechtheim

Alle Welt schwärmt von Prinzipalmarkt und Dom. Zu Recht. Aber es gibt noch einen Ort in Münster, der so grandios ist, dass wir ihn einfach einmal im Jahr feiern müssen – den Hafen. Ja, ich gebe es zu: Ich bin rettungslos in die kleine Idylle verliebt.

Elisabeth Ostermann

Iserlohner

Münster hat von Jung bis Alt wirklich für jeden etwas zu bieten. (...) Aber nichts desto weil haben die Münsteraner immer ein besonderes Verhältnis zu ihrer Hauptstadt Münster. Denn wer braucht schon Berlin, Brüssel oder Den Haag: Münster war für die Westfalen immer die Hauptstadt und das bleibt auch so.

Josef Vasthoff

Paddeln auf der Werse in Höhe der Pleistermühle

„Faszination Münster?“ Schon vor 50 Jahren hat der erste deutsche Bundespräsident Theodor Heuss immer wieder Münster als schönste Stadt Deutschlands gerühmt. Seit Oktober 2004 gehört nun auch Münster zu den „lebenswertesten Städten der Welt“. Diesen Urteilen kann ich mich nur anschließen!

Peter Jahreis

Windhahn der Martinikirche mit Blick über die Stadt

Die Stadt ist aber wirklich schön. Also nichts wie hin, wenn du die Chance hast!

„KaY“

EAT

Man sagt ja, es gibt zwei Sorten von Beamten und Studenten: die einen sind in Münster, und die anderen wollen unbedingt dorthin.

Franz Feldhaus

Münster ist als ‚wissenschaftlicher Tausendfüßler' auf breiter Basis gut aufgestellt.

Berthold Tillmann

wissenschaftlicher
Tausendfüßler

Man fühlt sich irgendwann fehl am Platz, wenn man kein Student oder nicht alt und reich ist. (...) Es ist sehr deutsch hier.

Anonymus

Guter Montag: Fahnenschlag der Bäcker und Konditoren vor dem Stadtweinhaus

TOMMY HILFIGER
OEDING ERDEL

Münster ist für mich eine Stadt, die von ihrem Flair lebt, und Wasser gehört dazu. Es gibt die Aa, den Aasee und den Kanal, ein für mich toller Ort. Es passiert viel am Kanal, aber fast nichts auf dem Kanal.

Leon Windscheid

Flair

Wasser

TANJA

Habt ihr Münster gesehn und den reizvoll prangenden Marktplatz?
Habt ihr das Rathaus drinnen, das hodchaufragende Prachtwerk,
Und die Paläste gesehn, die gegiebelten, und die Arkaden,
Welche, gewölbt zu den Seiten des lang sich streckenden Marktes,
Lieblich geschwungen die Zeile der prangenden Häuser begleiten?

Robert Hamerling

HANSE MAHL
MÜNSTER
BITTE
NEHMEN
PLATZ
OEDING ERDEL
PETZHOLD
STUHLM

In einer Stadt wie der unsrigen sind die Bauten der Vergangenheit mehr als tote Steine.

Heinrich Brüning

Bockwindmühle im Freilichtmuseum Mühlenhof

Ich bin begeisterter Münsteraner!

Gösta Clemens Peter

BRINKHOFF'S

24 Stunden in Münster...lebenswert!

„Talan80"

MS Günther: nach dem Fernsehmoderator Günter Jauch benanntes Passagierschiff am Kreativkai

M/S GÜNTHER

Wie münsterisch ist eigentlich der Münsteraner? Fest steht, er muß es einmal sehr gewesen sein. Anders ließe sich – zum Beispiel – der Prinzipalmarkt nicht erklären. Da haben Bürger sich im besten Sinne bürgerlich verstanden. Sichtbares Zeugnis einer spezifisch münsterischen Fantasie. Singulärer Anblick noch immer. Die in Stein gehauene Weitläufigkeit.

Bernd Behr

münsterische Fantasie

Biker-Treffen auf dem Prinzipalmarkt

DUCATI
DUCATI Streetfighter Performance

Kennzeichnend für das moderne Münster ist ein bemerkenswerter Gegensatz: Die Stadt ist in ihren Bauwerken, ihren Straßenzügen und Kirchen eine alte, eine sehr alte Stadt, aber auf ihren Straßen, in ihren Cafés und Gaststätten ist sie eine auffallend junge Stadt. Ein guter Teil der Faszination Münsters geht von dieser Spannung zwischen Altem und Neuem, zwischen Jungem und Gediegenem aus.

Detlef Fischer

Bikertreffen: Abschlusskorso auf dem Prinzipalmarkt

ACHER

Der regelmäßige Promenaden-Flohmarkt, die Grünflächenunterhaltung, Jogging- oder Skatestrecke... Die Promenade ist für vieles da. Einfach mal spazierengehen und die Seele baumeln lassen. Wenn die Sonne zwischen den Bäumen herscheint, kann es auch schon einmal ein richtig schönes diffuses Licht geben. Wer Münster als Münsteraner oder als Tourist kennt und liebt, wird an der Promenade nicht vorbeikommen. ;)

„Dominik B."

gerda

Es ist wie es ist:
Münster ist die geilste Stadt der Republik.

„Elmar Müller“

geilste
Stadt

Bunte Beleuchtung im Hafenbecken

Wie kommt es, dass Münster so polarisiert? Für die einen ist es der Inbegriff der Spießigkeit, für die anderen eine liebenswerte kleine Stadt. Für die einen ist der Münsteraner ätzend, aber das Umfeld gut, für den anderen genau umgekehrt.

„Lara LS"

Luftaufnahme Freibad Stapelskotten

Einerseits traditionsreich und traditionsbewusst, andererseits aufregend jung, modern und anders – auf jeden Fall weit mehr als die üblichen Postkartenmotive zeigen.

Lisa Brößkamp

Brillux
aaseeterrassen
Hakvoort

Ich liebe Münster (...) Ich fühl mich hier wohl. Wenn ich in die Stadt gehe, treffe ich immer Leute, die ich kenne. Und das genieße ich.

Andreas Hartmer

Sommer-Send: XXL-Schaukel über dem Turm der Überwasserkirche

Wir haben eine große Lebendigkeit durch alle Schichten und Altersklassen. Und alle begreifen die Stadt als ihren Raum.

Tobias Viehoff

Sailing Cup auf dem Aasee mit Blick auf die Giant Pool Balls

BMW
Sailing Cup
BMW Sailing
J 80
BMW
1
BMW Sailin
BMW
BMW
BMW SAILING CUP
5

Heimat des Regens! So möchte ich dich, Mimigarda, benennen!
Dich, die Krone westfälischen Landes, ich bitte, verzeih mir;
Denn ich will dich nicht schmähen.
Sechs Jahre sind's nun, daß ich hier bin,
Aber ich sah dich nicht anders als triefend von ständigem Regen.

Fabio Chigi

Wenn wir uns in Münster treffen, dann wissen wir, dies ist ein Ort, an dem harte Auseinandersetzungen schließlich doch zu einem friedvollen Miteinander geführt haben. Das lehrt nicht nur, aber auch, der Westfälische Frieden, der von hier ausgegangen ist und 365 Jahre zurückliegt: ein europäisches Datum!

Joachim Gauck

Bundespräsident Joachim Gauck trägt sich in das goldene Buch der Stadt ein

Und wendet man sich dann hin nach der Stadt, nach Münster, und sieht die zwei viereckigen Türme des Domes und der Lambertikirche aufstrebende gotische Spitze über die Dächer hin zur blauen Abendluft emporstreben, da ist's, als stände man mitten in einer Dekoration zu „Faust" – zu dem Gedicht, das mehr als ein anderes alle Poesie in dem „großen Vaterland" in sich schließt...

Jens Johannes Jørgensen

mitten in einer Dekoration
zu „Faust"

 Turm der Überwasserkirche mit Domtürmen und Lambertikirchturm im Hintergrund

WEISE

Münster ist interkulturell und offenherzig!

„soundsvio“

Münstersche Zeitung
Das Beste am Guten Morgen
LVM

Es ist schon ein Phänomen. Ganz gleich, wohin Sie der Weg durch Münster auch führt – westfälische Idylle und urbanes Leben sind eine perfekte Symbiose eingegangen...

Christa Farwick

westfälische Idylle & urbanes Leben

Beachvolleyball-Arena auf dem Schlossplatz

smart
congstar

(...) wenn da nicht diese Vorurteile wären, von denen ich immer wieder höre (...) – katholisch, konservativ, spießig (wenn nicht die Uni, dann die Stadt, und das Münsterland sowieso), – trockene Beamtenstadt, „Schreibtisch Westfalens", – spröde (die Studenten, die Leute in der Stadt, das Klima sowieso) (...)

„schrotmont"

Abendstimmung am Hafenbecken mit Blick auf das Wolfgang Borchert Theater

Ich bin Ausländer. Münster ist für mich zur zweiten Heimat geworden. (...) An einem Sommertag bin ich am Aasee spazieren gegangen und da habe ich in meinem Herzen gespürt, dass ich diese Stadt mag.

Mahmoud Torabi

zweite Heimat

Aasee mit Schwanenboot und anderen Tretbooten

Es wird Staunenswertes in dieser Stadt auf dem Gebiete des kirchlichen Lebens geleistet. Kirchen, kirchliche Stiftungen und Klosterbauten erheben sich in überraschender Menge aus dem Boden, wie anderswo die Dampfschlöte und Anlagen der Industrie; und für die Erhaltung, Erneuerung und Verschönerung der alten kirchlichen Baudenkmale wird mit einem wahrhaft rastlosen Eifer gesorgt.

Levin Schücking

Staunenswertes auf dem Gebiete des kirchlichen Lebens

PARKSCHEIN
hier lösen

Die Strahlkraft Münsters und des Münsterlandes wirkt weit über die Region hinaus. Sie gilt es weiter zu stärken.

Wolfgang Baecker

Strahlkraft Münsters

Die Merkwürdigkeiten Münsters blieben nicht unbeachtet. Die Stadt – einst die erste des hanseatischen Bundes zwischen der Weser und dem Rhein – hat helle breite Straßen, mehrere Gebäude im großartigen Styl, auch Privathäuser von gefälligem Aeußeren. Vormals umgaben sie, wie fast alle Städte von einiger Bedeutung, Wälle und Festungswerke. Jetzt ist ein von vier Reihen von Linden beschatteter Spaziergang an ihre Stelle getreten.

August Hermann Niemeyer

großartiger Styl

gefälliges Aeußeres

Die Stadt ist gut strukturiert, überschaubar und nicht so hektisch. Die vielen Grünflächen und der Aasee sind ideale Plätze für Sport, Freizeit und Erholung.

Arnold Kitzmann

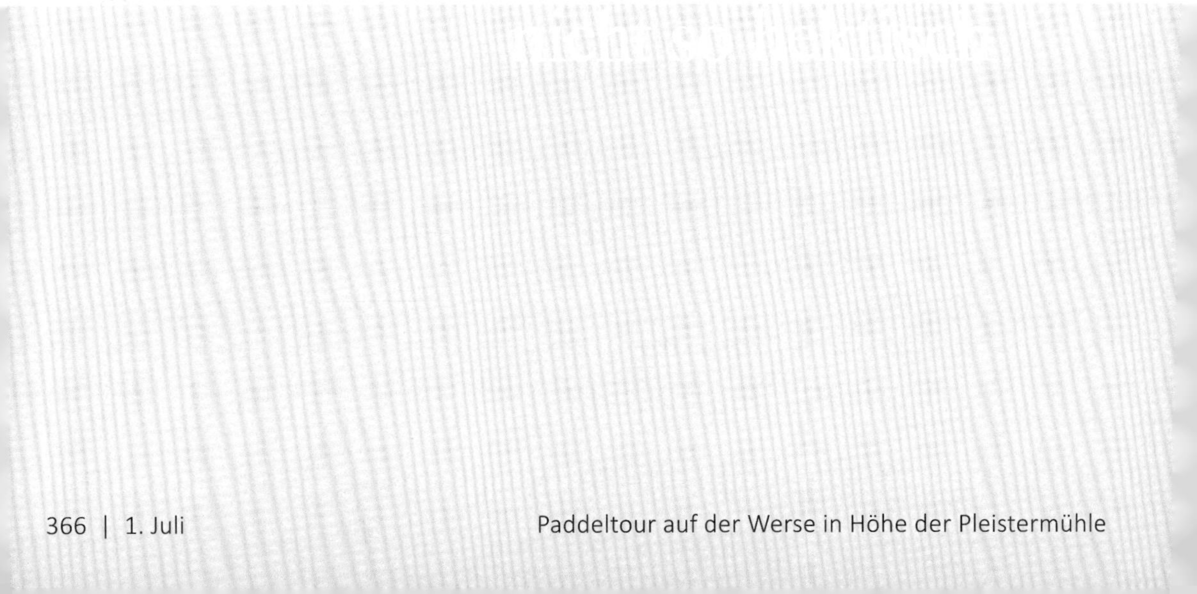

Paddeltour auf der Werse in Höhe der Pleistermühle

So sind die Münsteraner mit Recht stolz auf ihre Stadt, und sie hängen an ihr mit einer für unsere fluktuierende Gesellschaft erstaunlichen, liebevollen Treue. Es scheint als gäbe es hier mehr als anderswo Leute, die eher verhungern als von Münster wegziehen würden.

Brigitte Macher

Luftaufnahme vom Überwasserkirchturm mit Blick auf die Stadt

Münster scheint mir ziemlich spießig. Jedenfalls war das so, als ich oft in Münster war. Ich hab da ja drei Jahre studiert und konnte das nur promillig, also nur schwindelig ertragen.

Udo Lindenberg

Kettenkarussel auf dem Sommer-Send

Münster ist zum Beispiel eine Tatortstadt. (...) Ich vermute mal, es ist eine sehr politische Entscheidung, wo ein Tatort spielen darf. Der WDR hatte auch schon Tatorte in Düsseldorf (aber nicht sehr lange), in Duisburg und in Essen. Nun also Münster. Vermutlich bekommt man dort günstig studentische Komparsen, und das Lokalkolorit wirkt nicht so ruhrpöttlerisch. Münster ist ja doch sehr ländlich.

Jan Weiler

Hauptdarsteller des Münster-Tatorts am Lenkering-Kran im Hafen:
Jan Josef Liefers, Axel Prahl, ChrisTine Urspruch

Als künftiger Olympia-Standort ist die Metropole im Pumpernickel-Land allerdings noch nicht im Gespräch.

Roman Heflik

Ludger Beerbaum auf „Chaman“ beim „Großen Reit- und Springturnier“ auf dem Schlossplatz

Gut für die Region.
Sparkasse

Wer die Stadt kennt, sieht, wenn er auf ihren Namen stößt, etwas Festes vor sich: eine graue Steinarchitektur in grünem Laubwerk, in dem sich ein von bunten Prozessionen und tollem Mummenschanz unterbrochenes bürgerliches Leben abspielt, ein behäbiges Leben, wie es seit dem Anfange des neunzehnten Jahrhunderts sonst fast überall in Deutschland verschwunden ist; das sieht er und er hört die breite, gemütliche Sprache, riecht den Duft von Weihrauch und Backöl, und er empfindet den Geschmack des eigenartigen Gebräus, das man dort verzapft; auf diesem Hintergrunde tauchen dann einzelne Menschen und ganze Gruppen auf, die Wiedertäufer, Fürstbischof Bernhard von Galen, das bunte Leben bei dem Abschlusse des westfälischen Friedens, die Gräfin Gallitzin und ihr Kreis, die feinen Züge der Dichterin von Rüschhaus, die derben des Professors von der Tuckesburg.

Hermann Löns

Große Prozession auf dem Domplatz

Św JOZEFIE

Münster ist ein richtig tolles Städtchen, Verzeihung Großstadt, für einen gediegenen Wochenendtrip. Es gibt nicht zu viel zu sehen und nicht zu wenig, was ich äußerst positiv meine.

Jan Jordan

nicht zu viel zu sehen
und nicht zu wenig

… der malerische Reichtum der Stadt [ist] unerschöpflich (…) daß es nur darauf ankommt, sich dieses Reichtums mit den Augen zu bemächtigen.

Karl Ernst Meier-Lemgo

Haus Vögeding in Nienberge

Ich mag die Münsteraner und ihre geerdete, ungekünstelte Art.

Jan Josef Liefers

Sparda-Bank
Sparda-Bank
Sparda-Bank

Für die Leute aus Münster und Umgebung ist Münster natürlich der Nabel der Welt, für mich aber nicht. Ich mag das Großstadtflair des Ruhrgebiets (...).

„msju12"

Nabel der Welt

Beleuchtete Aaseeterrassen am Abend

Ich habe auch in Münster studiert (...), man hat schnell Anschluss gefunden und man konnte einiges unternehmen. Aber mit der Zeit wurde es doch etwas öde. Die Stadt ist schön, man kann sich wirklich wohl und sicher fühlen, aber es ist eben nichts los.

„ExMünsteranerin“

Gute Stimmung auf dem Juwi-Fest vor dem Juridicum

Der Stadt Münster hat man schon viele Attribute zukommen lassen: stur, schwarz, munter, konservativ, historisch. ... aber malerisch ist sie selten genannt worden. Damit hat man ihr Unrecht getan.

Eberhard Schnake

Ein Abstecher an den Kreativkai ist ebenfalls lohnenswert. In den alten Hafengebäuden und außergewöhnlichen Neubauten treffen Besucher beinahe rund um die Uhr auf eine Mischung aus Kunst und Kultur, Gastronomie und Szeneclubs – und das Ganze direkt am Wasser.

Randolf Leyk

Was Münster in meinen Augen auszeichnet, ist seine enorme Lesbarkeit und natürlich seine bedeutende Geschichte.

Kasper König

Es ist auffällig, daß offenbar die besondere Stimmung und Atmosphäre der Stadt Münster in ausnehmend reichem Maße zu tatsächlich poetischen und literarischen Äußerungen über diese Stadt führte – seien es Erzählungen, in denen ihr Flair zur Geltung kommt, Gedichte oder auch nostalgische Erinnerungen an Besuche oder Aufenthalte oder auch Streifzüge an Aa und Werse oder entlang der Pättkes im Umland.

Diethard H. Klein

In Münster ist der historische Wachstumsprozess topografisch ablesbar wie das Wachstum eines Baumes an seinen Jahresringen. Um den Kern des Domplatzes als Ort der karolingischen Gründung schließt sich die Stadt des Mittelalters, begrenzt durch den Ring der Promenaden. Der fürstliche Absolutismus schuf die Ausweitung nach Westen, die sich im Neuplatz und Schlossgarten erhalten hat. Es folgen die kräftigen Wachstumsringe des dynamischen 19. und 20. Jahrhunderts bis hin zur Stadterweiterung von 1975.

Hans Galen

Beleuchteter LVM-Tower und LVM-Kristall

Ich habe nix gegen Münster,
das Problem sind die Menschen, die da leben.

„Gast-aus-dem-Web“

Abendliche Impressionen bei „Münster verwöhnt“

Krombacher
Krombacher
Krombacher
ERDINGER

Auf alten Stichen sieht man die Stadt Münster von starken Verteidigungsanlagen umgeben (...) 1765 wurde der innere Befestigungsring abgerissen und der innere Stadtgraben verfüllt. Man kann es nur als Glücksfall in der Entwicklung der Stadt bezeichnen, dass das freiwerdende Gelände nicht sofort bebaut, sondern als großzügiger Grüngürtel um die Altstadt gestaltet wurde. (...)

Werner Friedrich

Aber auch andere liebenswerte Seiten und hervorstechende Eigenschaften Münsters sollen nicht unter den Tisch fallen, sondern stolz im Trophäenschrank vorgezeigt werden. (...) Schließlich ist die Westfalenmetropole so vielseitig wie die mediterrane Küche. Wer will da schon jeden Tag das gleiche Gericht essen, so gut es auch schmecken mag?!

Jörg Bockow

Montgolfiade: Start auf den Aasee-Wiesen

Westfalen
D-OROL
tenberge
ins Münsterland
D-OGLA
lasurit
D-OSVO
250 JAHRE

Münster – da sind Einbahnstraßen, die mich zur Verzweiflung bringen, aber auch herrlich restaurierte Gebäude aus frühen Jahrhunderten. Ich möchte verweilen, finde aber keinen Parkplatz. Auf Wiedersehen, Münster!

Erich von Däniken

Karstadt
0
freie Plä
Stubengass
0
freie Plä

Und wenn die Sonne endgültig im See versinkt, machen sich Nachtschwärmer Richtung Kreativkai oder Innenstadt auf, um in den zahlreichen Clubs und Lokalen das Leben und die Liebe zu feiern und auf „Münster – die Kluge unter den Schönen" anzustoßen.

Alexandra Mai

Joggerin am Aasee

Wenn man im St. Franziskus-Hospital geboren wird und in Münster aufwächst, hält man diese Stadt für völlig normal – man kennt ja keine andere.

Carsten Krystofiak

Beleuchtet: Schloss und Schlossgarten am Abend

Münster, die lebenswerteste Stadt der Welt. Na und?
Haben wir doch eh immer gewußt.

Holger Gertz

Dressur am Abend: Reit- und Springturnier vor dem Schloss

Preußen Münster – egal welche Liga
zusammen sind wir Sieger!

Fanspruch von Preußen Münster

SC PREUSSEN MÜNSTER
S.C. PREUSSEN MÜNSTER
DIE MACHT AUS WESTFALEN PREUSSEN-STADION
SC PREUSSEN 06 e.V. MÜNSTER
POKALFIEBER - POKALFIEBER - POKALFIEBER
LEBENSLANGLICH
S.C. PREUSSEN
Münster

Der Münsteraner an sich hat (fast) nichts zu meckern – Jetzt haben wir es auch schriftlich und mit Zahlen unterfüttert. Der Münsteraner an sich (80 Prozent) liebt seine Stadt, hat ein positives, stabiles Selbstbild und schätzt die Lebensqualität seines Wohnortes sehr. (...) Er legt Wert auf Traditionen, mag die gesellige, gepflegte, gastliche Atmosphäre, ist der Kultur zugeneigt – und fährt Fahrrad. Aber: So sehr er sich verbunden fühlt, wünscht er sich doch mehr Toleranz, Weltoffenheit, internationales Flair und Lebendigkeit.

Bruni Frobusch

nichts zu meckern

Solarschiff Solaaris und Tretboote auf dem Aasee

Münster ist eine schöne und leise Stadt. Hier ist Hektik eher beschaulich und es gibt eine Fülle exzellenter Restaurants. Verglichen mit dem Ruhrgebiet fällt auch das „Bild“ der Menschen auf der Straße auf. Es ist gediegener und wohlhabender.

Stephanie Borgert

schöne &
leise Stadt

Münster hingegen imponiert dem Besucher durch den vornehmen, sinnigen Ernst, mit dem die Stadt ihm entgegen tritt (...)

O. H. Brückmann

vornehmer, sinniger Ernst

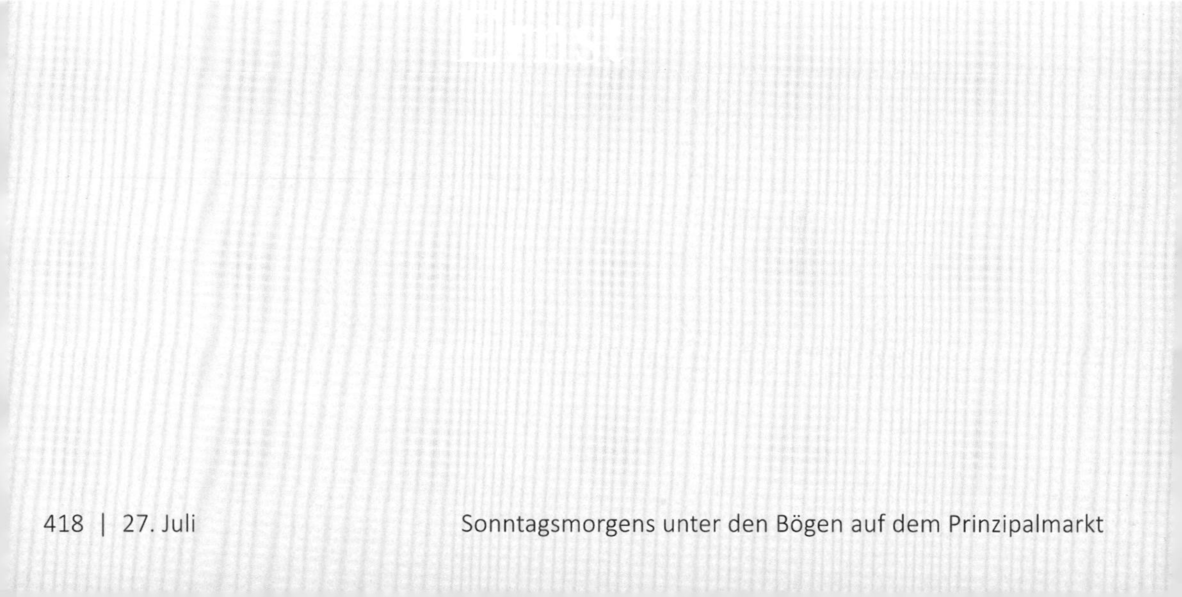

Sonntagsmorgens unter den Bögen auf dem Prinzipalmarkt

Harenberg
Harenberg
schnitzler
Massimo Dutti

Ich besuche Münster nämlich schon sehr, sehr lange und habe einige Eckpunkte, die ich ganz, ganz positiv finde (...). Die Altstadt ist eine Sensation (...). Ich komme echt gerne nach Münster.

Tim Fischer

Der Stolz auf Münster ist keine Parole der Fremdenverkehrswerbung, sondern das Lebensgefühl dieser Stadt.

Michael Stoffregen-Büller

Freibad Coburg: Sprung ins kühle Nass

Ich habe mich nirgends so willkommen gefühlt wie in Münster. Die Leute sind freundlich und überhaupt nicht spießig, die Stadt ist sehr schön.

„AnnaLisa2"

freundlich
& überhaupt nicht spießig

Im gesamten Hafenbereich existieren heute ca. 3.000 Arbeitsplätze. Von den rund 250 am Hafenweg ansässigen Unternehmen und Einrichtungen lassen sich mehr als 50 Prozent der Kreativwirtschaft zuordnen. (...) Das Stadtbild ist so um eine Imagefacette ergänzt worden, die in positivem Kontrast zum traditionellen Bild Münsters mit dem Alleinstellungsmerkmal Altstadt steht.

Christian Krajewski

Hafen ergänzt das traditionelle Stadtbild

Beleuchtete Kuben und Palmen vor dem „Cube“ am Hafen

60 000 Studenten und Fachhochschüler prägen Münster als zweitgrößte Universitätsstadt der Bundesrepublik jugendlich und bunt. Dies vor dem Hintergrund traditionsreicher Baukunst, die nach der Zerstörung im 2. Weltkrieg völlig restauriert wurde, macht den besonderen Reiz Münsters aus.

Thomas Schneider

Bis zum Ludgerikreisel, Dom und Zoo
hört ihr ein siegessicheres „Preußen Münster go!“

Fanspruch von Preußen Münster

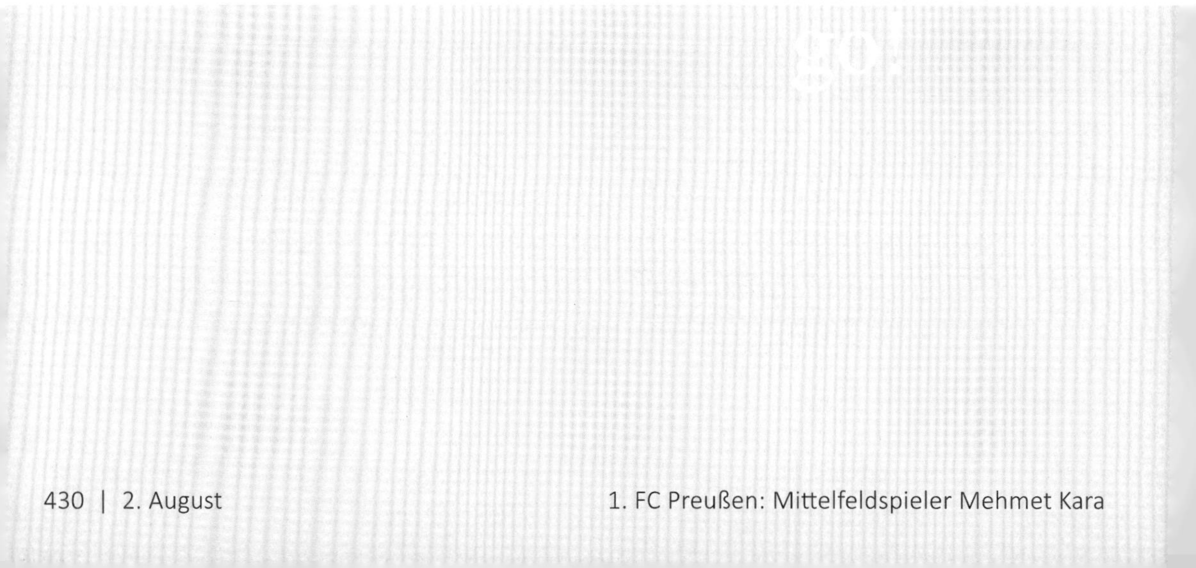

1. FC Preußen: Mittelfeldspieler Mehmet Kara

TUJA
ZEITARBEIT GMBH

Der architektonische Reichtum schließt ja keinen Münsteraner aus – diese Bauten gehören ja nicht nur ihren Besitzern, sondern auch den Augen. Und Augen besitzt jeder Mensch.

Erich Kock

architektonischer
Reichtum

Bischöfliches Palais am Domplatz und Turm der Überwasserkirche

(...) diese dämliche Überheblichkeit, die sich über Menschen lustig macht, die ein besseres Schicksal verdient haben als das, ausgerechnet in Münster zu wohnen...

Enno Patalas

Hammer Straße: Straßenfest vor der St. Josefskirche

Bob
Builder
SONIC

Münster ist eine schöne Stadt! In Münster kennt (fast) jeder jeden. (...) Ich liebe Münster als Stadt – daran ändern auch ein paar Schnösel nichts...

„Modde“

schöne Stadt
ein paar Schnösel

Es sind nun mal Welten die in Münster aufeinander treffen, wenn man dorthin zieht. Auch die katholischen rechts angehauchten Verbindungsbubis passen super zu meinem Gesamteindruck von Münster. Alles wirkte auf mich hier so verklemmt, aufgesetzt und distanziert.

„ME2“

verklemmt, aufgesetzt
und distanziert

PlusCard
Die neue PlusCard
mit elektronischem Ticket!

Es freut mich sehr, hier zu sein. Münster – eine Stadt, die Historie und Moderne vortrefflich vereint. Herzlichen Dank für die Gastfreundschaft.

John B. Emerson

Prinzipalmarkt mit Rathaus und Stadtweinhaus

Ich liebe es, mich in der Halle für zeitgenössische Kunst am Hafen aufzuhalten. Der Hafen ist ein sehr urbaner Ort und ein wunderbares Gegengewicht zum Prinzipalmarkt.

Bernadette Spinnen

wunderbares Gegengewicht zum Prinzipalmarkt

Hafenfest: Boot vor dem Kreativkai

PALOTA
ST-A-316

Im Sommer ist Münster eh am geilsten... der ganze Aasee ist quasi eine große Grillwolke und eine große Party... wenn die Sonne scheint ist der ringsum halt voller junger Leute... Hafen auch. Also ich freu mich echt hier zu sein, mir gefällts hier richtig gut (...)

„bloodi"

Aasee: chillen zwischen den Giant Pool Balls

Macht 2013

Als echter Münsteraner lebte man weniger in Münster als in seinem Viertel, wo man sich kannte und einander Nachbar war.

Mäti Robert

Münster ist bunt. Man muss nicht unbedingt Student, Reiter oder Skateboard-Fahrer sein, um sich in Münster wohl zu fühlen.

Stefanie Meyer

Münster, für mich ist das eine Stadt ausgeprägter Individualität und Schönheit. Ich kann mir nicht vorstellen, woanders besser leben zu können.

Reiner Klimke

DKB
C

Münster will durch vorbildliche Aufbauwerke der Kultur und des sozialen Fortschritts bezeugen: „Pax optima rerum“.

Wilhelm Vernekohl

Im Friedenssaal: Oberbürgermeister Markus Lewe reicht König Wilhelm der Niederlande den Goldenen Hahn zum Trunk

Man hat etwas Bestimmtes vor sich,
denkt man an Münster...

Hermann Löns

etwas
Bestimmtes

Nimm ihn einfach wie er ist! Bei dem Versuch, den typischen Münsteraner zu charakterisieren, würde man sicher viele Worte verlieren, ohne dem Versuch gerecht zu werden.

Trixi Bannert

Die Vorgänge in Münster sind im großen und ganzen unverstanden geblieben und durch die Geschichte niedergeschlagen worden. Im deutschen Bewußtsein leben sie nicht, weil das tiefe deutsche Bewußtsein im Schwinden begriffen ist. Und doch zeigte das münstersche Zion ein Aufleuchten der deutschen Seele, eine Flamme, die nicht nur schlechthin Pech und Schwefel war! Sondern sie war auch ein Licht, das erloschen ist! Nie mehr ist so Ungeheures erhofft, geglaubt und mit Hintansetzung jeder persönlichen Rücksicht erstrebt worden.

Gerhart Hauptmann

Toll! So eine kulturaffine Stadt. Ich hab mich richtig gefreut.

Ulrich Peters

Für mich eine der schönsten Städte in Deutschland. Der Vorteil ist, die Stadt ist überschaubar, man kann alles per Rad / zu Fuss erreichen, schön sauber und gepflegt, kaum Prekariat (...)

„NorbertHedtfeld“

überschaubar, sauber & gepflegt

NRW.Bank: Spiegelskulptur „Bit.Reflection“ des Künstlers Julius Popp

NRW.BANK

Muenster, Germany. My new home. Oh Lordy. I need to find a job, an apartment, learn the language (properly, seriously, well). I need to accept it will rain, a lot, and I will be cold, a lot (...)

Liv Hambrett

Blick über die Innenstadt mit Theater und Lambertikirche

Bei allem, was sich änderte, dies änderte sich nicht: der Brückenblick auf See und Stadt im Sommersonnenlicht.

Marlies Kalbhenn

Brückenblick am See & Stadt

Trotz mannigfacher Eindrücke aus vielerlei Gegenden:
Zum Wegziehen sah ich einfach keinen triftigen Grund.

Götz Alsmann

ms ist vgl.bar mit rosamunde-pilcher- filmen, schöne heile welt und spießertum. (...) ms ist exakt so wie es im „tatort ms“ beschrieben wird, besonders die rolle des prof. boerne passt zu ms wie die faust aufs auge !!!

„MS-hasser“

„Große Prozession“: Mitglieder des Malteserordens auf der Salzstraße vor dem Erbdrostenhof

Münster is a green city. Not a the-toilet-paper-is-recycled green city, but a place where you can find small patches of green in little alleyways and tucked-away squares.

Sofie Couwenbergh

Mit Neuem tun sich die Westfalen immer wieder gerne schwer (...) das merkten auch die Kunstmacher, als sie 1977 in der gern als konservativ vorverurteilten Stadt mit der „Skulptur“ eine bahnbrechende Ausstellung von zeitgenössischer Kunst in der Stadt planten. Das übliche Spiel: Zeter und Mordio,(...) und nun, nachdem im Abstand von 10 Jahren die Skulptur eine ernsthafte Gegenveranstaltung zur Kasseler Documenta geworden ist, waren sowieso schon immer alle dafür, und zwar natürlich von Anfang an.

Ulrich van Stipriaan

Zwei der Giant Pool Balls von Claes Oldenburg

Münster war schön. Man konnte stundenlang am Lambertibrunnen stehen, ohne dass es langweilig wurde... nachmittags fünfzehn Mal um die Promenade fahren, war nichts. Dann wieder am neuen Lambertibrunnen rumstehen...

Ulrich Schamoni

Abgesehen von den rebellischen Wiedertäufern, denen Friedrich Dürrenmatt ein Drama gewidmet hat, den mittelalterlichen Kirchenbauten und bekannten Ermittlern in Fernsehdiensten, wartet Münster seit letztem Herbst mit einem kolossalen Kunstwerk auf, das Kunst und Kultur beherbergt.

Rolf Breiner

kolossales Kunstwerk

Blick aus der Spitze des LWL-Museums für Kunst und Kultur auf die Domtürme

Ich singe, weil ich in Münster bin. Nicht nur weil ich es gebraucht habe, sondern weil die Musik schon immer hier war.

Simon Dye

Musik war schon immer hier

DEMAG

Die spitzen Giebeldächer an Bogenstraße und Prinzipalmarkt ragten wie Zacken eines gebogenen Sägeblatts empor. Aus unserer Höhe wirkte der Prinzipalmarkt, der das kulturelle Selbstbewußtsein der Münsteraner seit Generationen gestützt hat, kaum wie die vielzitierte „Gute Stube“, und das Signum weltgeschichtlicher Ereignisse war wenig spürbar. Von hier oben war der Prinzipalmarkt kein historischer Festsaal, sondern das Werk eines Meisterschnitzers.

Wilhelm Damwerth

Und es blieb die Unverwechselbarkeit des Menschenschlages, der diese Stadt bevölkert – eine Originalität, die sich auch dem münsterschen Neubürger rasch mitteilt und deren Wesenszüge er, oft uneingestanden, mählich annimmt.

Cornelius Riewerts

„Münster und die Münsteraner gefallen mich nicht“

Gebhard Leberecht von Blücher

kein Gefallen

Siegesgöttin Nike auf dem Turm des Schlosses

1712

Die Münsteraner sind seit jeher ein trinkfreudiges Völkchen.

Esther Bruna

Kreuzstraße im Kuhviertel mit Überwasserkirche im Hintergrund

JEVER
ZIEGE

... im Wahlkampf 1983, als auf dem Prinzipalmarkt die Regenfluten über uns hereinbrachen und wir im Stuhlmacher Zuflucht und Mönsters Töttken fanden... Seitdem heißt es in Münster nicht mehr: „In Münster regnet‘s oder die Glocken läuten“, sondern: “Wenn Norbert Blüm kommt, regnet‘s und die Glocken läuten!“

Norbert Blüm

Stuhlmacher
Mönsters Töttken

 Radlerin mit Schirm auf dem Prinzipalmarkt

Radfahren im Münsterland ist für mich ‚Heimaturlaub' und mehr braucht es nicht, damit ich mich erholt fühle. (...) Das Münsterland ist alt und jung, bodenständig und modern, sehr vertraut – und trotzdem gibt es immer einen Radweg, den man noch nicht kennt.

Swantje Naunin

Also, ich finde Münster ganz wunderbar! Ich hab da lange gewohnt. (...) Münster ist eine super tolle Stadt. Ich habe gar keine schlechten Erfahrungen in Münster gemacht. Ich habe dort viele ausländische Studenten kennen gelernt und habe immer noch Kontakt mit ihnen. Auch die echten Münsteraner sind sehr nett.

„Lajana“

Schauraum: 100e rote Ballons steigen am Stadthaus in den Himmel

Münster hat einen Reiz. Ich bin aufgewachsen in der Pfalz, bin jetzt die letzten acht Jahre in Frankfurt gewesen und muss sagen, der Schritt nach Münster ist so ein bisschen wie heimkommen. Münster hat etwas von der Heimeligkeit, die ich aus der Pfalz kenne und das ist eine schöne Aussicht.

Thomas Wilms

pioner

Münster ist nett, keine Frage – aber einzigartig wohl nur für diejenigen, die vorher noch nichts Anderes erlebt haben und hinterher nichts mehr erleben wollen. Ein Produkt kollektiver Scheuklappen.

„thalassa“

Nichtsdestotrotz, meine Beziehung zu Münster stimmt. Diese Stadt bleibt eine ständig neue Herausforderung. Entscheidend für mich ist die hohe Studentenzahl. Dadurch verjüngt sich die Stadt automatisch und das ist positiv.

Steffi Stephan

MERCK FINCK & CO

Münster, November 1792. Der Fürstin [Anm: Amalia von Gallitzin] angemeldet, hoffte ich gleich den behaglichen Zustand; allein ich sollte noch vorher eine zeitgemäß Prüfung erdulden; denn auf der Fahrt von mancherlei Hindernissen aufgehalten, gelangte ich erst tief in der Nacht zur Stadt. (...) Unter diesen Umständen bedachte ich mich nicht lange und brachte die Stunden auf einem Stuhl in der Wirtsstube hin, immer noch bequemer als vor kurzem, da beim dichtesten Regenwetter von Dach und Fach nichts zu finden war.

Johann Wolfgang von Goethe

Blick von der Piusallee zur Altstadt

Die Münsterländer sind im Ganzen ein edler, kräftiger Menschenschlag. Man sieht schöne Männerfiguren; nirgend aber sah ich so viele graziöse, so wunderherrliche Frauengestalten als hier (...). Das Mädchenfleisch scheint zu gedeihen in der mephitischen Sumpfluft, aber auch Beschränktheit und große Füße.

Julius Krebs

edler, kräftiger Menschenschlag

2062
2457
2127
420
PACE
2136
PERU

Natürlich, in Münster kann jeder leben,
gut sogar.

Leonard Lansink

Pott's
Prinzipal
DAS PREMIUM PILSENER
Leonard Lansink

Zu Anfang September war ich etwa acht Tage lang in dem alten westfälischen Münster, wo den ganzen Tag über geläutet wird, um die Leute, die daselbst echt schwarz katholisch sind, rechtzeitig zur Messe zu rufen.

Wilhelm Busch

den ganzen Tag über
wird geläutet

Blick zwischen den Domtürmen auf die Lambertikirche

Wenn in Berlin eine sehr provokante Theaterproduktion 150 Zuschauer anlockt, sind das hier deutlich weniger. Einfach weil Berlin viel mehr Einwohner und ein größeres urbanes Kulturpublikum hat. Da fehlt in Münster mitunter die kritische Masse. Erschwerend kommt hinzu, dass im Umland von Münster zwar einige Hunderttausend potenzielle Parma-Schinken zu finden sind, aber keine zehntausend potentielle Avantgarde-Aficionados.

Ludger Schnieder

WOLFGANG BORCHERT THEATER

Sie [die Münsteraner] sind – bewußt oder unbewußt – dankbar, daß hier historischer Boden lebendig erhalten wird. Und könnte der erzählen, was er in den letzten 1000 Jahren an Handel und Wandel, an Kultur und Kommerz, an Tränen und Hoffnungen gesehen hat, dann verstünde man sicher noch besser, warum Bürgersinn und Stolz, Geschichtsbewußtsein und Verantwortung spürbar sind an diesem Freilicht-Festsaal mit dem geballten Angebot an Exklusivem, an Historie und modernem Management hinter Bögen, Obelisken und Giebeln.

Heike Hänscheid

Aktion „Blaue Friedensherde“ auf der Treppe an der Diözesanbibliothek

Ich kenne kaum eine Stadt vergleichbarer Größe, die so viel zu bieten hat und gleichzeitig so schön grün ist. (...) Nachteil: Münster ist unglaublich teuer geworden.

„muunoy“

Ganz Lokalpatriot, pflege ich gelegentlich Dinge zu sagen wie „Dies und das mag Blödsinn sein, aber, zum Kiepenkerl, es ist münsterscher Blödsinn!“

Götz Alsmann

Mein Gott, wie arm hier die Leute sind, dachte ich, als ich in der zweiten Hälfte der 60er Jahre nach Münster übersiedelte, um den besten aller Männer zu heiraten. So viele Fahrräder! Autos können wie sich wohl nicht leisten. So das spontane Urteil einer aus dem bergigen und damit fahrradunfreundlichen Wuppertal Zugezogenen.

Uta Ribbert

so viele Fahrräder!

HOTE

Der Prinzipalmarkt hat mit der Düsseldorfer „Kö“ nicht nur die Höhe der Grundstückspreise gemeinsam. Aber trotzdem sieht man die ländliche Bevölkerung im Straßenbild der Großstadt, mehr aber noch in den zahlreichen Cafés hinter großen Kuchenbergen. Sonntags jedoch geht es umgekehrt, da begeben sich die Münsteraner aufs Land. Ob zu Fuß, mit dem Fahrrad oder dem Auto haben sie ein Ziel: die bäuerlichen Kaffeewirtschaften, die zu Münster und seiner Umgebung gehören wie das Schwarzbrot zum Schinken.

Gisela Schwarze

Hoch zu den Wolken empor, heben mächtige Türme die Helme,
und ein melodisch Geläut klingt von den Glocken herab.

Fabio Chigi

mächtige Türme
& melodisches Geläut

Nie hatte ich solch eine Stadt gesehen: in Augsburg, in Nürnberg hatte die neue Zeit unter der Führung der rücksichtslosen Eroberer Industrie und Technik die alte mehr und mehr zurückgedrängt, überflutet, vernichtet, – hier stand das Leben still, kein Fabrikschlot erhob sich mit all seiner barbarischen Protzenhaftigkeit neben den Kirchentürmen; hinter hohen Eisengittern, in vornehmer Zurückgezogenheit prangten die Renaissance- und Rokokoschlösser der Ketteler, der Heereman, der Droste-Vischering, der Romberg, der Zwickel, der Bevernförde, der Schmising, der Galen, der Fürstenberg; zwischen hundertjährigen Linden standen Kirchen und Kapellen, erfüllt von der Pracht und Schönheit romanischer und gotischer Kunst; in abgelegenen Winkeln tauchten alte Klöster auf, deren grasüberwucherte Höfe von Kreuzgängen wie von schützenden Armen umgeben waren.

Lily Braun

Ruine des Romberger Hofes im Innenhof des Theaters

Der Westfälische Friede ist aber keineswegs nur ein regionales Datum, der Friede von Münster und Osnabrück ist ein epochemachendes Ereignis, ein Ereignis von europäischem Rang.

Johannes Rau

Westfälischer Friedenspreis: Preisträger Emma-Louisa Werz und Ex-Bundeskanzler Helmut Schmidt (†)

Das Wegfahren aus Münster ist schön,
das Wiederkommen ist schöner!

Heinrich Morthorst

Schiff auf dem Dortmund-Ems-Kanal

ROGATZ
ROGATZ

Gilt es doch jetzt, ein hohes Loblied zu singen / Unserer Stadt mit den reichen, würdigen Bürgern; Ich will's versuchen. – Es schenke Apollo mir gnädig / Treffliche Verse! Zierde und strahlender Glanz westfälischen Landes / Stehst du, herrliche Stadt, im Schutz des Paulus! (...)

Johannes Murmellius

„Schauraum": Arien vom Balkon des Erbdrostenhofes

Eine schöne, ja geradezu vornehme Stadt. Hier korrespondiert große Vergangenheit mit dynamischer Gegenwart. Beeindruckend.

Papst Benedikt XVI

Es steht doch wohl außer Frage, dass Münster reichlich Qualitäten und Vorzüge aufweist. Warum sollte sonst die Zahl der Touristen kontinuierlich steigen und Münster eine der wenigen deutschen Klein-Großstädte sein, die nach wie vor wachsen? Jung und agil, attraktiv und wohlhabend, familiär und doch international: Münster sollte das Potenzial seiner Stärken ausspielen, was die Stadt im Übrigen ja auch durchaus praktiziert.

Ursula Nelles

reichlich Qualitäten
& Vorzüge

Je älter ich werde, desto öfter und stärker steht meine Geburts- und Heimatstadt Münster vor mir. Hier habe ich das Bild und die Ahnung des Begriffes Schönheit empfangen... und dann komme ich mir zuweilen vor wie ein Stück ungepflegtes Unkraut, das am Lambertusbrunnen wächst und immer wieder hervorkommt, wenn die Kinder mit ihren Lampions am Feste des Heiligen singen...

Peter Paul Althaus

Ik vind Munster een fantastische stad. Mooie winkels. Fijne restaurants .gaan altijd een paar keer per jaar naar Munster. Goed voor een gezellig dagje.

„Truus Lentelink“

een fantastische
stad

Münster/Westfalen

Nur so viel steht aktuell fest: Auch in diesem Jahr wird’s nix mehr. Münster wartet weiter auf sein Mammut. Ohne das Eiszeit-Gerippe fehlt der Stadt eine wichtige Attraktion. Sollte das Geologisch-Paläontologische Museum an der Pferdegasse auch 2017 nicht fertig werden, könnte man das Viech zur nächsten Skulpturenausstellung wenigstens andernorts temporär als Kunstwerk aufstellen.

Carsten Krystofiak

Ich bin super gerne in Münster. Für mich ist Münster die optimalste Stadt, wenn man viel unterwegs ist. Münster ist wunderschön im Rückspiegel zu sehen und genauso schön, wenn man wieder darauf zufährt.

Sebastian Schneberger

Polospieler beim „Polo-Picknick“ am Hugerlandshofweg

POLO

Wenn wir es richtig machen, wird es weiterhin so sein, dass der Prinzipalmarkt, nicht nur was die Architektur, sondern eben auch den Handel angeht, die schönste und anspruchsvollste Straße in der ganzen Region ist.

Andreas Weitkamp

Harenberg

That's the south Munsterland: full of laughter, daring and community life. Humor and optimism pervade. Undoubtedly it was the precise part of Westphalia that Voltaire had in mind when Candide's tutor Pangloss called the region "this best of all possible worlds," where "since everything was made for a purpose it follows that everything was made for the best purpose."

Nicholas Fox Weber

Münster ist schön. Stockkonservativ, gleichzeitig alternativ, liberal, Münster hat schöne Ecken, die kreative Meile am Hafen, den Dom. Münster ist Kleinstadt und gleichzeitig Großstadt. Das ganze Münsterland hat ja nur ein Zentrum, Münster, und so können wir uns auch als Metropolenbewohner fühlen und haben doch gleichzeitig den Charme einer überschaubaren Stadt.

Jürgen Kehrer

J.C. OSTHUES

Münster ist nicht die Welt,
wir steh'n ihr nur offen.
Wer hier vom Fahrrad fällt,
der ist halt besoffen.
Wir sitzen fest im Sattel
Und fahr'n ganz vorne mit.

Matthias Ortmann
„6 Zylinder"

100m
75m
150m
PROVINZIAL
50m
LBS

Schauen Sie in die Geschichte Münsters: Wie ist hier einst gerungen worden, um Religionsfragen!

Joachim Gauck

Um Religionsfragen gerungen

Friedenssaal: Oberbürgermeister Markus Lewe begrüßt Vertreter verschiedener Religionsgemeinschaften

Also ziehen die Täufer aus allen Ländern gen Münster in Westfalen. Gesegnet sei die Stadt, die vor uns liegt in der Abendsonne. Gesegnet ihre Türme und Dächer, vergoldet vom späten Strahl des Lichts.

Friedrich Dürrenmatt

Turmspitze der Dominikanerkirche

Ich denke, es wäre besser, wenn wir alles in Münster drehen würden. Die Leute sind hier einfach freundlicher, die Kölner sind genervt. Während uns die Menschen in Münster Drehorte anbieten, sind die Kölner voll angepisst, wenn wir mal wieder eine Straße blockieren.

Leonard Lansink

freundlichere Leute als in Köln

Hauptdarsteller der ZDF-Krimiserie „Wilsberg“:
Oliver Korittke, Ina Paule Klink, Leonard Lansink

Regen und Räder, Westfälischer Friede und Westfälische Mettendchen, Kirchen und Kneipen, „Sturköpfe“ und Studenten: Der Blick auf Münster ist mal von Liebe, mal von Vorurteilen, immer aber von Neugier bestimmt.

Heike Hänscheid

Leute, Münster ist ja wohl mal ne hammergeile Stadt zum Studieren!!

„Leeze“

Ausgelassene Stimmung im Festzelt beim Münsteraner Oktoberfest

Das seufzende Gangwerk der astronomischen Domuhr beschwört den Gang der Zeit: langsam und unaufhörlich spürbar, kreist sie am Himmel wie auf Erden als das Gesetz, das Kommen und Gehen der Gestirne, Leben und Sterben der Menschen bestimmt. Landsknecht und Totengerippe im Gesims der Uhr rufen alle Viertel und vollen Stunden auch dem mächtigen Dom-Innern die Zeit ins Gedächtnis, denn Horn und Glocke der beiden sind nicht zu überhören.

Erich Kock

Septentrio

Danke Münster, es war schön.
Ich komme gerne wieder und mein Fahrrad auch!

Rebecca Schirge

Bettentürme des Universitätsklinikums

Andere Städte sind nur Lebensräume.
Münster aber ist Münster!

Christian Stanitzeck

Ihren relativ hohen Bekanntheitsgrad verdankt die Münsteraner Lambertikirche weniger ihrer kunstgeschichtlichen Stellung innerhalb der westfälischen Sakralarchitektur des Mittelalters, als vielmehr der geschichtlichen Bedeutung ihres Westturms mit den an seiner Südseite aufgehängten Wiedertäuferkäfigen von 1536, die als sichtbares Zeichen eine zwar kurze, dafür aber umso bekanntere Phase der Stadtgeschichte Münsters an der Wende vom Mittelalter zur frühen Neuzeit vergegenwärtigen.

Hans Josef Böker

Promenade, Promenade, ich bin froh, dass es dich gibt.
Und weil du rund bist und nicht gerade, hab' ich mich in dich verliebt.
Oh Promenade, Promenade, wenn ich mal Probleme habe,
kann ich ein paar Runden dreh'n.
Promenade – Dankeschön!

Frank Starzinski
„Die 3 Nikoläuse“

In Münster habe ich die ungewöhnliche Gelegenheit gehabt, einem bemerkenswerten Stück Geschichte zu begegnen und daran teilzuhaben.

Henry Kissinger

Fototermin vom Sentenzbogen des Stadtweinhauses anlässlich der Verleihung des Westfälischen Friedenspreises

Angesichts der Fülle an Kongressen, die von den Hochschulen nach Münster geholt werden, zeigt sich deutlich, wie wichtig die Wissenschaft für den Standort ist.

Bernadette Spinnen

574 | 13. Oktober Messe und Congress Centrum Halle Münsterland

Frau

Das alte Münster und das neue Berlin. Die räumliche Entfernung überwindet man heute mit einer Eisenbahnfahrt von acht Stunden. Die geistige zu durchmessen, dazu war noch vor einigen Jahrzehnten eine Weltreise nötig, die durch Jahrhunderte geistiger Entwicklung, über strombreite Trennungen im Kulturempfinden, über kaum überbrückbare Gegensätze der Weltanschauung hinweg führte.

Heinrich Hart

geistige Entfernung
zu Berlin

Die Stadt braucht mehr Spaß am Restrisiko! Hier ist immer alles sauber. Und wird sofort geordnet. Das Einzige, was die Münsteraner nicht in den Griff bekommen, ist der Fischgeruch auf dem Domplatz. Der bleibt noch drei oder vier Stunden, nachdem die Fischbuden abgereist sind.

Ludger Schnieder

 Kunst am Schaltkasten im Bahnhofsviertel: Tobias Rehberger, Moon in Alabama

Zweimal im Jahr, nämlich zum Semesterbeginn, zieht es tausende junger Menschen nach Münster, die hier ihre akademische Laufbahn beginnen. Individuen verschiedenster Herkunft und Gesinnung treffen aufeinander. Und wie das beiden Menschen nun mal ist, gibt es dann schnell dicke Luft. Auch in Münster. Denn wenn open-minded Buddys aus aller Welt auf intolerante Westfalen treffen, ist der Spaß schneller vorbei, als man verstehen kann, warum er begonnen hat. Weder der weltoffene Neuling noch der verbohrte Münsteraner weiß das Verhalten seines Gegenübers zu interpretieren.

Bastian Strotmann

Westfälische Wilhelms-Universität: volles Haus im Hörsaal H1

WU

Ich komme aus Köln und finde Münster toll! Nicht so riesig wie ne Großstadt – aber eben auch keine Kleinstadt, sondern eine richtige Stadt mit Flair und Stil! Das Studileben ist einmalig. Man kann so viel machen hier. Hab es nie bereut hier zu studieren!

„Jeannie2104"

Münster is deod. Niu niahm duin’n Kopp in beide Hänne / un gruine, gruine, gruine! / Eune schoine Stadt is stuarwen – / muine was’t un duine: Uese Münster! / Ligg’t un blött iut glönn’gen Wunnen, / Staolt un Pracht van diusend Jaohren: / Prinzipalmarkt, Dom, Lamberti – / Aoh, wat sint vui ame waoren!– / Brand un Fuier in dian Straoten – / Kiarken, Huiser ligg’t am Grunne, / Sark an Sark in langen Ruigen – / Duiwelswiark van euner Stunne!

Theo Breider

Holzkreuz auf dem Waldfriedhof Lauheide

When foreigners know about Münster, it's usually the product Münster cheese that rings a bell. But during the three days that I spent in the city, I discovered that it has a lot more to offer than cheese.

Sofie Couwenbergh

ESPRIT
SALE

Wer versucht, sich ins Bild zu setzen, den Augenschein zu prüfen, dem wird schnell offenkundig, dass der Heuss so unrecht nicht hatte mit seiner Behauptung von der schönsten Stadt. Ein bundesrepublikanisches Stadtkästlein ist Münster (...). Es ist noch mehr: eine Stadtgestalt, die sich ihre jahrhundertealten Grundrisse bewahrt hat und damit die Würde einer vom Landadel und Bürgertum geprägten Urbanität.

Vilma Sturm

Blick in den Festsaal des Erbdrostenhofes

Flieg hinauf Preußen-Adler, weit hinauf, wo sich die Wolken drehen. Nimm uns mit, schwarzer Adler, dass wir immer Preußen-Münster siegen sehen!

Riccardo Doppio

1. FC Preußen Münster: Spielerkreis vor Fanblock

BLOCK
M
Liebe
vergisst man
klaas

Unter Münsters Kolonnaden zu flanieren, den „Bogen“, die sich um Münsters „gute Stube“, den Prinzipalmarkt, ziehen, bedeutet einen der schönsten Stadtspaziergänge zu erleben, die man nördlich der Alpen tun kann.

Helmut Domke

White Stuff
pur
COUNTRY CLASSICS

Daß die blaue Blume der Romantik hier Wurzel gefaßt hatte, als draußen in der Welt die Aufklärung umging und sie mit Stumpf und Stiel auszurotten trachtete, daß Freiheitsschwärmer, wie die Brüder Stolberg, sich hier zu Füßen der Fürstin Galitzin in die Fesseln der katholischen Kirche schlagen ließen und Hamann, der Magus des Nordens, hier seinen frommen Phantasien lebte, – wer verstünde es nicht, dem Münster seinen Zauber enthüllte?

Lily Braun

Blick über den Dom, St. Lamberti und die Innenstadt

Hoch hinaus und das im beschaulichen westfälischen Kleinod Münster? Diese Frage kann man sich (...) sicherlich erst einmal stellen, da sich Münster zwar durch viele bauhistorisch wertvolle Häuser wie auch durch neue baukulturell bedeutsame Gebäude auszeichnet, jedoch bis dato nicht für seine Hochhäuser berühmt ist.

Olaf Schmidt / Michael Schwarz

UM
MA
E
NN
ZU
-IM
VE
MO
RM
BIL

Wir haben hier so eine wunderbare Parklandschaft, absolut genial ausgebaute Radwege und auch schöne Routen, wie zum Beispiel die Schlösser-Route. Die Vielfalt der Möglichkeiten ist riesig und die ausgebaute Infrastruktur wahrscheinlich einmalig in Deutschland.

Reiner Bergmann

Windräder in Roxel an der Autobahn A1

Münster! Der Name dieser Stadt hat feierlichen Klang (...)

Josef Bergenthal

Statue des Hl. Liborius im St. Paulus Dom

Was für eine wunderschöne Stadt!

Kim und Debbie Sledge

4114
GER
3962

Auch wenn es noch viele Orte zu entdecken gibt,
bin ich in Münster angekommen.

Lis Harting

Linienbus vor dem Rathaus auf dem Weg zum Domplatz

11 Gievenbeck Dieckmannstr.
ü. Landgericht
1547
MS ST 1547

Münsters Küche ist die westfälische Küche, sie ist gehaltvoll und deftig mit bodenständigem Charakter und ... lecker, allerdings für Kalorien zählende Magermodels wenig geeignet.

Gösta Clemens Peter

Eine der schönsten Zierden der unmittelbaren Umgebung Münsters sind ohne Zweifel die herrlichen Promenaden. Auf dieselben sind die Münsteraner nicht wenig stolz und mancher von ihnen, der nicht weiter als einige Meilen über das Weichbild der Stadt hinausgekommen ist, meint, etwas Schöneres dieser Art könne wohl weit und breit in deutschen Landen nicht gefunden werden...

O. H. Brückmann

Jogger und Radfahrer auf der Promenade

Promenade, Klassenunterschiede sind dir nicht ganz fremd.
Es gibt das Turnier der Sieger, für die anderen den Send,
mal was für die Oberklasse, mal was für den Mittelstand,
Paradies- und Pferdeäpfel, ist doch beides interessant.

Frank Starzinski
„Die 3 Nikoläuse“

TURBO FORCE
GLUCKSHAUS

Ich war oft mutlos, ob meine Bestrebungen für den Frieden ein rechtzeitiges Resultat haben würden. Aber in Münster gewann ich wieder das Vertrauen zu den Menschen, dass sie das tun, denken und wollen, wie es sein muss.

Albert Schweitzer

Allerheiligen auf dem Zentralfriedhof: Grabkapelle von Schwester Euthymia

Münster, das Wort kommt von Monasterium, ist nachgeholte Lateinstunde jenseits von Limes und Rhein (...) Münster, Münsterland, Münsterländer, münsterländisch: das fand zusammen, paßte sich an, klingt so natürlich und selbstverständlich wie kein Kunstwort sonst wie und wo immer (...).

Johannes Rüber

Kunstmuseum Pablo Picasso: Porträtfoto des Künstlers

Die Skulptur-Projekte sind wirklich etwas Besonderes für Kunst und Kultur – gerade am Aasee.

Peter von Wienhardt

Sommerschwüle brütete in den Straßen, als wir heimwärts fuhren, und ein Sommernachtsmärchentraum hielt die alte Stadt umfangen. Exotische Glühwürmchen schienen um die Pfeiler der Laubengänge zu tanzen, sich, allen Linien des Maßwerks folgend, bis hoch in die Spitzen der Kirchtürme zu schwingen. Die grauen Steine verschwanden; aus Licht und Farben waren die spitzen Giebel, die schlanken Säulen, die hohen Fensterbogen gebaut. Hinter dem dunkeln Laubdach der alten Linden schimmerte der Dom wie ein gewaltiger Tempel des Lichtgotts.

Lily Braun

(...) die Stadt an sich ist wunderschön sowie das Schloss und die Bauwerke im Allgemeinen. Es ist unglaublich sauber dort, das habe ich selten gesehen und die Menschen wissen sich zu benehmen.

„Münster2031"

 Blick in den Plenarsaal des LWL-Landeshauses am Freiherr-vom-Stein-Platz

Münster ist unzweifelhalft einer jener in Deutschland raren Plätze, von denen der Zauber des Unverwechselbaren ausgeht, der Hauch des Besonderen.

Michael Stoffregen-Büller

„Gehorche Keinem": Kunstwerk von Babak Saed an der Fassade der Universitäts- und Landesbibliothek

GEHORCHE KEINEM

Es ist eine eigentümliche Erscheinung, daß innerhalb eines und desselben Stammes so große Charakterverschiedenheiten sich geltend machen können, wie es der Fall ist zwischen den Bewohnern des Osnabrücker Ländchens und denen Münsters (...). Der sich isolierende Partikularismus ist in Münster mächtiger als irgendwo; so sehen wir diese Stadt denn auch eine ganz eigentümliche Stellung mitten im Strome der Bildung des neunzehnten Jahrhunderts einnehmen.

Levin Schücking

Richtig groß, richtig entspannt, richtig schön hier!

Jutta Reinke

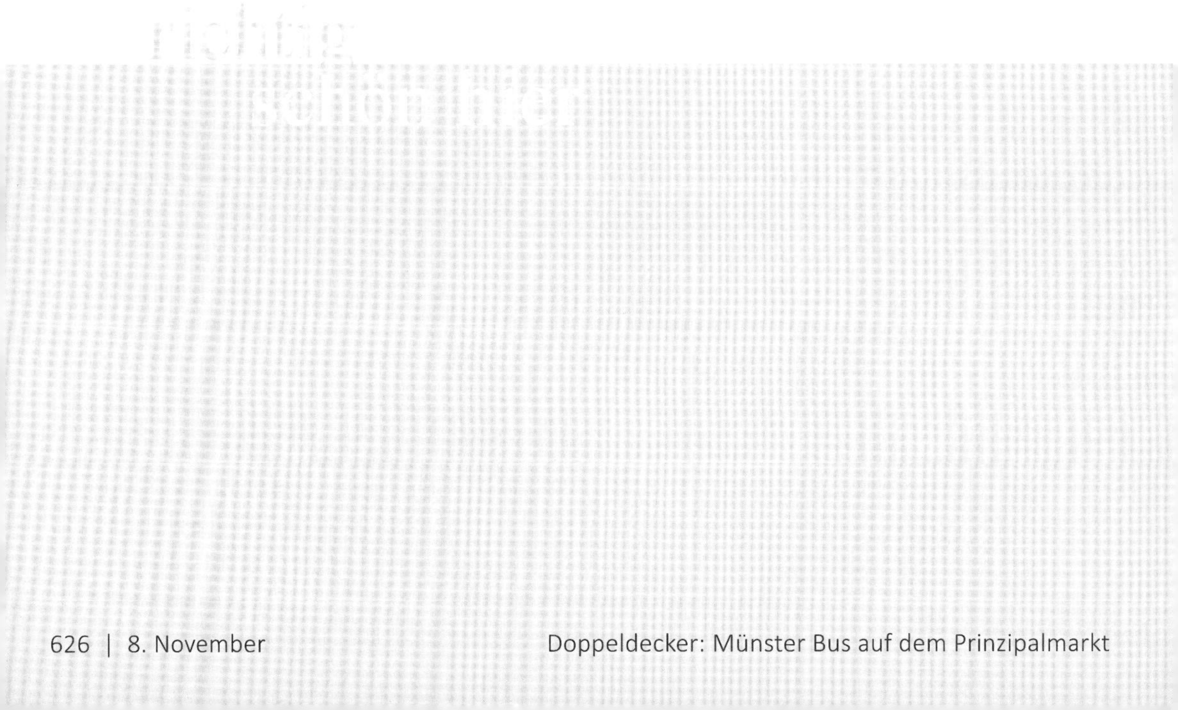

Doppeldecker: Münster Bus auf dem Prinzipalmarkt

DER MÜNSTERBUS
Mit dem Cabrio durch die Stadt
der Wissenschaft & Lebensart.
MÜNSTERBUS

Münster, die Stadt, welche die Herzen aller Menschen, die einmal dorthin gekommen sind, fest an sich kettet und immer wieder zu sich zurückzieht. Um wieviel mehr jene, die dort geboren sind!

Max Geisberg

„Velociraptor" im LWL-Museum für Naturkunde an der Sentruper Straße

Das kulturelle Angebot ist in Münster ebenso vollkommen wie das kulinarische. Langweilig wird es nie.

Witalli Reingard

langweilig wird es nie

Vollbesetzt: Großes Haus des Theaters

Man könne irgendwo in Münster mit geschlossenen Augen losgehen und lande bestimmt in einer schönen Kneipe, behauptete mein Vater immer. Ich habe es nie bezweifelt, es aber auch nicht probiert. Das heißt, Kneipen schon, nur offenen Auges.

Dieter Thoma

Ja, hier in Münster sind die Tage manchmal kürzer als die Nacht
Hier in Münster wird ganz einfach die Nacht zum Tag gemacht
Hier in Münster schmeckt das Bier ganz besonders frisch
Hier in Münster tanzen wir die ganze Nacht lang auf dem Tisch (...)

Stefan Langner
„Die Landeier“

Sessionsorden 2015/2016 der Narrenfreunde Hiltrup
mit dem Münsteraner Stadtmusikanten „Onkel Willy“

Münsters Stadtmusikant
»ONKEL WILLY«
2015
2016
NARRENFREUNDE
HILTRUP

Wir Münsteraner leben in einer sehr schönen Parklandschaft, die einfach ideal per Fahrrad zu erobern ist.

Wera Röttgering

Zwischen Rathaus und Lamberti,
wo die schönen alten Giebelhäuser stehn,
zwischen Rathaus und Lamberti,
ja, da bummelt, bummelt, bummelt's sich so schön!

Kalli Winter

TAXI
MS TW 365
TAXI
MS AV 6404

Der Morgen in Münster beginnt früh. Kirchtüren werden aufgeschlossen, Bänke knarren. In den Sakristeien ziehen Domherren, Pfarrer und Kapläne ihre liturgischen Gewänder an. (...) Mehr gemurmeltes als gesprochenes Latein – gelegentliche Glockenschläge der Turmuhren.

Erich Kock

Eine breite Straße sah ich, eingefaßt von hochgegiebelten Häusern mit reichen Zierraten, Erkern, Blätterwerk und Zinkenkronen; jedes in sich abgeschlossen, die Trennung vom Nachbarn durch die ragende Spitze betonend; unten aber verbanden gewölbte Arkaden, deren breite Bogen auf trutzig-kräftigen Pfeilern ruhten, alle Gebäude miteinander. Mir war, als sei mir durch einen Blick der tiefe Sinn alten deutschen Bürgertums aufgegangen: wie es auf breitem Boden der Gemeinsamkeit und des gegenseitigen Schutzes festbegründet ruhte und die Einheit und Selbständigkeit der Familie klar und scharf sich daraus emporhob.

Lily Braun

COUNTRY CLASSICS
Zumnorde
JUWE

Nach all den Jahren ist Münster mir zur Heimat geworden. Anfangs erschien die Stadt wie eine (zu) stolze Schönheit, die hartnäckig umworben sein wollte. Aber nach den branchentypischen Irrungen und Wirrungen kommen wir gut miteinander aus – ich nehme Münster aufs Korn, und Münster gibt mir dafür einen aus.

Arndt Zinkant

Blick von den Rathaussäulen auf den abendlichen Prinzipalmarkt

Bald schon unzählige Preise und Medaillen wie das Qualitätssiegel von 2004 als „Lebenswerteste Stadt der Welt“ sowie die Verleihung des Europäischen Kulturerbe-Siegels 2015 sind Beweis genug, dass Münster auf dem Weg nach oben war und ist, auch wenn dieser Weg nicht immer gradlinig und gelegentlich auch mit gescheiterten Projekten verstellt war.

Rainer Karliczek

Torminbrücke und zugefrorener Aasee am Abend

Thäönken, Thäönken! Fien un raohr,
Triäg´ de Küörf nao dusend Jaohr.
Mönsters Teeken! Mönsters Stolt!
Haoll die liek, dann wäs du aolt.

Lied zur Vollendung des Lambertikirchturms

Pättkes sind Wege des Vertrauens und alle Pättkes gehen von Münster aus!

Theo Breider

Besser schieben: Fahrradfahrer auf dem zugefrorenen Aasee

Daß es aber übrigens überhaupt Mühe kostet, so viel Unsinn und ekelhaftes Zeug, wovon die Münstrische Geschichte damaliger so unaufgeklärter Zeiten voll ist, für Deutschlands gesittete Bühnen brauchbar zu machen, davon mag der urtheilen, der die Geschichte, und besonders die Epoche des Münstrischen Königs gelesen hat.

F. G. Freiherr von Nesselrode-Hugenpoet

Es war einmal ein Tutemann auf dem Lamberti-Turm
der pünktlich blies die Stunden an, bei Regen, bei Schnee und Sturm (...)

Franz Tumbrink

Türmerin Martje Saljé auf dem nächtlichen Lambertikirchturm

Münster ist eine rechte Sonntagsstadt, weil das Altertümliche nicht überwiegt über eine gebliebene Festlichkeit der Zeiten.

Konrad Weiß

Glühwein
MARZIPAN

Jede alte Stadt hat ihre magische Stunde, in der ihre Vergangenheit aus dem Dunkel der Geschichte aufleuchtet oder auch nur heraufdämmert: die eine gewinnt im Gold der aufgehenden Sonne ihren alten Glanz zurück, die andere in einer gleißenden Mittagsstunde, eine dritte unter dem sternenklaren Nachthimmel, die achthundertjährige Stadt Münster aber, ehemals Hauptstadt des Fürstbistums und im 16. Jahrhundert glühender Brennpunkt einer chiliastischen Bewegung ohnegleichen, läßt ihre düstere Vergangenheit im Dämmerlicht des späten Abends erahnen, wenn die Giebelhäuser mit ihren Bogengängen den vereinsamten Markt, heute Prinzipalmarkt genannt, feierlich umrahmen und vor dem östlichen Himmel das dunkle Filigran des Lambertiturmes aufragt, an dem drei rätselhaft Gitterkäfige kaum noch zu erkennen sind, ein seltsames Erinnerungsmal an den Aufstieg und Fall des Wiedertäuferreiches in Münster.

Hermann Homann

Im Regen auf dem weihnachtlichen Prinzipalmarkt

Ich bin stolz, hier geboren, hier geblieben zu sein.

Friedrich-Adolf Jahn

GALERIE
NETTELS
GALERIE

Mitte der Sechziger Jahre ist Münster ein mediales Nichts. Kennt keiner. Will keiner sehen.

Hendrik Schulte

Blick vom Lamberti-Kirchturm auf den Prinzipalmarkt

Ach liebes Münster – deine Frauen hab ich gern.

Lukas Schlattmann

KOCH

Münster, das ist ein Miteinander von ganz vielen verschiedenen Gebäuden. Man lässt das Alte mit im Spiel der neuen Zeit.

Stefan Rethfeld

das Alte mit im Spiel
der neuen Zeit

Blick über das Geistviertel zum Wasserturm

Die besondere Münster-Atmosphäre halten viele für selbstverständlich. Sie ist es aber nicht. Wir müssen einiges tun, damit Münster attraktiv bleibt. In Münster wird ja gern – und das zu Recht – an das Engagement der Kaufleute für ihre Stadt beim Wiederaufbau nach dem Zweiten Weltkrieg erinnert. Doch heute ist die Situation für die Stadt und den Handel in der Stadt vielleicht noch schwieriger als damals. Heute ist es noch wichtiger, sich zu engagieren.

Tobias Viehoff

Außerhalb ist Münster (...) eine Stadt wie andere auch, aber drinnen ist es halt anders – wie alle Städte, die so etwas wie eine Seele haben. In diesem Fall eine westfälische, bürgerliche Seele.

Mäti Robert

Skulptur „Erzengel Raphael“
des Münsteraner Bildhauers Hans Wehrenberg in der Raphaelsklinik

Wir erblicken eines der pittoresken Straßenbilder, Häuser mit hohen Giebeln von vortrefflicher Architektur, die in den verschiedensten Baustilen sich erheben über gotischen Arkaden oder „Bögen", jenen mittelalterlichen Lauben, die sich heutzutage in so wenig Städten mehr finden und dem alten Münster ein ganz besonderes, altertümliches, historisches Gepräge geben.

Levin Schücking

Vorweihnachtlicher Prinzipalmarkt

ZARA

Sicher hat Münster auch den Ruf provinziell zu sein. Aber was heißt das schon? Für die Münsteraner mag Havixbeck als provinziell gelten, für die Kölner ist es vielleicht Münster, für die Berliner Köln und in New York und Istanbul mag man Berlin als Provinz ansehen.

Adam Riese

Provinziell – was heißt das schon

Nachtwächter-Silhouette im Gegenlicht

Heute gibt es, wenn man dem Oberbürgermeister der Stadt Glauben schenken darf, nur zwei Sorten von Menschen: Solche, die in Münster wohnen und solche, die es gerne täten.

Ulrich van Stipriaan

2 Sorten von Menschen

PUMPENHAUS
FILMWERKSTATT MÜNSTER

Was an Sommertagen der Prinzipalmarkt ist, ist jetzt der Aasee – sehen und gesehen werden.

Nikolaus Stiefel

(...) wenig unterliegt einem größeren Wandel als die Stadtgestalt. (...) Nicht nur die öffentliche Hand beeinflusst sie. Das »Bild der Stadt« ist stetigen Veränderungen vor allem durch private Investitionen und privates Engagement – vom Großkonzern bis zum »Häuslebauer« – unterworfen. (...) Dabei haben wir von der Stadt Münster die Aufgabe, die strukturelle und städtebauliche Entwicklung Münsters zu sichern und nachhaltig weiter zu entwickeln.

Hartwig Schultheiß

Gewann Münsters „Gute Stube“ während der Reformationszeit makabren Ruhm und am Ende des Dreißigjährigen Krieges welthistorischen Rang, so wurde sie in den Jahrhunderten danach immer mehr zu einer Stätte bürgerlicher Repräsentanz und gelassenen Selbstbewußtseins; dies ist der Prinzipalmarkt heute mehr denn je. Kaum mehr vorstellbar, daß unter den Bogen vor Jahrzehnten Landfrauen Fasanen und Karnickel sowie in Runkelrübenblätter eingeschlagene Butter feilboten, daß hier das Revier der Appeltieven war, der legendären Obstverkäuferinnen (...)

Gustav Faber

Wiedertäufer-Relief an einer der Rathaussäulen

Der Prinzipalmarkt ist immer schön, mögen nun graue Regenwolken schwer und niedrig über den grauen Zackengiebeln herziehen, oder der blaue Himmel sich hoch und still darüber wölben; mag im Goldschein der steigenden Sonne die nach Osten schauende Häuserreihe mit ihren gothischen Thürmchen und Renaissance-Zierarten dastehen und sich zu ihren Füßen das bunte Marktgewühl ausbreiten, oder mag vom Schimmer des Abendroths der kün emporstrebende, luftig durchbrochene, westwärts gerichtete Giebel des Rathhauses angehaucht werden, und die Aveglocke der Lamberti-Kirche nach Tages Arbeit zum Gebet auffordern; aber am schönsten ist er, der Markt, doch, wenn die volle Mondesscheibe mit ihrem milden bläulichen Lichte eine der altersgrauen Häuserreihen, diese mannigfachen Vorsprünge, Säulchen, Nischen und Fialen der oben Stockwerke, beleuchtet, während in dämmernden Schatten die andere Reihe daliegt und sich gleichförmig dahinzieht.

Theodor Berthold

Ich stand früher abends immer auf der Bühne, war Musikerin und jetzt habe ich nur noch dienstagabends frei – unter uns: da steppt nicht grade der Bär in Münster!

Martje Saljé

Freilichtmuseum Mühlenhof: Verschneite Bockwindmühle

Jede Stadt muss um jeden Kunden kämpfen, unabhängig auf welchem Niveau sie sich aktuell befindet. Das gilt auch für Münster.

Thomas du Buy

1 Amelsbüren Bahnhof
2745

Münster ist meine Heimat. Hier fühle ich mich wohl. Die Stadt und ihr vielfältiges Gesicht begeistern mich immer wieder.

Lisa Brößkamp

Dreiviertelstunde auf die Currywurst warten – direkt neben dem Gejaule von den Blockflöten – das haben wir doch als Münsteraner wohl nicht nötig – auf unserem Weihnachtsmarkt. (...) haben Sie sich schon mal die Nummernschilder angeguckt von den Reisebussen und Privatkarossen, die da in der Vorweihnachtszeit die Innenstadt verstopfen – wo die alle herkommen? Nee, nicht nur Holland, auch die ganzen Münsterländer: Borken, Steinfurt, Warendorf, aber auch Gelsenkirchen und Bielefeld, Köln, Düsseldorf und am schlimmsten Paderborn: Als wenn die da keinen eigenen Dom hätten...

Matthias Menne

BASTELBÖGEN
Glühwein
MARZI

Was meine Frau und ich an dieser Stadt schätzen: Ihren eigenwilligen Charme, ihren Charakter, die Bodenständigkeit und Gastlichkeit ihrer Bürger, die gediegene Kaufmannschaft und die vorzügliche Gastronomie – dies alles ist für uns Münster.

Jörn Söder

Wie im Fluge vergingen die Stunden, und beim Nachhausegehen strahlten mit goldgelbem Schein die Gaslaternen auf den Schnee und Flockenteppich, der leuchtete wie tausend und abertausend glitzernde Sterne. Die Glocken, die von Ludgeri, Aegidii, dem Dom und Lamberti mit warmem Ton die Luft durchwanderten, erfüllten uns mit einem Gefühl der Geborgenheit und Ruhe, und unsere Gedanken waren schon bei unserem warmen Zimmer, beim Nikolaus und Knecht Ruprecht.

Willy Eichel

Giebelhüüskesmarkt

Man hält sehr auf gutes Aussehen der Stadt, manchmal auf Kosten der Parkmöglichkeiten und Kinderspielplätze, doch unbestritten ist der vorweihnachtliche Zauber der Straßen, wenn unzählige Kerzen die Fenster der Giebelhäuser am Prinzipalmarkt erhellen, gedämpft durch das Grün der Tannenzweige, wenn Adventskränze an Häusern und Plätzen ein stilles Licht verbreiten und dem Wanderer in den abendlichen Straßen helfen, den Sinn der Weihnacht zu finden.

Gisela Schwarze

Wenn im Römischen Reich einst alle Wege nach Rom führten, dann führen heute im Münsterland – zu Lande, zu Wasser und in der Luft – alle Wege nach Münster. (...) Als touristisches Highlight zieht Münster – nicht nur zu den mittlerweile weltberühmten SKULPTUR.PROJEKTEN – Touristen aus Nah und Fern an.

Werner Friedrich

Aaseewiesen: Skulptur von Ilya Kabakow, Blickst Du hinauf und liest die Worte

Münster ist eine schöne Stadt und eine, die auch ihre Geschichte, ihren Zauber und ihre Schönheit nicht versteckt, nicht einmal die Grausamkeiten ihrer Geschichte. Am Turm der Lambertikirche hängen noch heute die eisernen Käfige, in denen die Leichen der hingerichteten Wiedertäufer 1536 zur Schau gestellt wurden. Der im Zweiten Weltkrieg zerstörte „Friedenssaal", wo 1648 mit dem Westfälischen Frieden der Dreißigjährige Krieg beendet wurde, ist längst wieder aufgebaut... Und auch der Dom, der völlig ausgebrannt war, ist wieder aufgebaut, dieser eindrucksvolle Kirchenbau, vor und in dem man nur staunend stehen kann, dann natürlich der Prinzipalmarkt, Münsters beste Stube.

Max von der Grün

Frost und Schnee auf dem Domplatz

Unser schuckeres Münster is nu auch schon elof bees meis Jännekes alt – so tofel wird kein Gasselmann! Aber wennsse meins, jetz schefft es bald mulo – mascheminus un laulone!

Klaus Siewert

Friedenssaal: Meisterwerke der Schnitzkunst von Herman tom Ring (1521–1591)

Aber wenn Sie sich mal einen Eindruck verschaffen wollen so vom Kind im Kampf mit dem Instrument ganz im allgemeinen, dann gehen Sie mal auf den Weihnachtsmarkt hier in Münster. An jeder Ecke stehen sie: Der Kleine mit Pudelmütze „Stille Nacht“ – auf der Trompete. Die beiden Mädels mit den Blockflöten: „Ihr Kinderlein kommet“ – aber alle laufen weg.

Matthias Menne

Spiegelung der Rückseite des Rathauses in dem Schallbecher einer Tuba

Es ist nicht zu sagen, wie hochnäsig der Kirchturm der ehrwürdig-alten St.-Lamberti-Kirche seine Nase in die Luft steckt. Da steht nun dieser geliehene Geselle, schaut über seine Kollegen hinweg, pfeift mit dem Wind auf das ganze Stadtbild und seine fromm bewahrte Eigenart und foppt die Dummen, die seine ins Blaue sich räkelnde Lattengröße anstaunen.

Rudolf Predeek

 Verschneiter Lambertikirchturm

The history of Münster is filled with stories of resistance against authority, and the list goes on. Most Münsterers, however, are some of the most friendly and inviting people I have ever encountered.

L. Bohmer

ZARA

Die Drahtesel sind die verbreitetste Tierart in Münster.

Jörg Adler

Parkende Fahrräder auf dem vorweihnachtlichen Prinzipalmarkt

Münster ist jovel!

Studentenspruch

Münster ist wunderschön und hat was Beschauliches.

Felix Genn

wunderschön
beschaulich

Denn so begreifen viele Bürger Münsters ihr Leben – umkreist von Festen, von Fürbitten umfangen und Heiligen gestärkt.

Erich Kock

Die Bürger dieser Stadt haben reichlich Grund für einen aufrechten Gang und Selbstbewusstsein – nicht zu verwechseln natürlich mit Selbstzufriedenheit.

Ursula Nelles

aufrechter Gang
Selbstbewusstsein

Statue des Hl. Liudger am Rathaus

Ja, wir lieben unsere Stadt. Auch wenn Münster oft für ein „etwas großgeratenes Dorf" gehalten wird (was manchmal aber auch einfach stimmt), stehen wir so mancher Großstadt in Sachen Kultur und der Auswahl an Freizeitaktivitäten in absolut nichts nach. (…) gerade weil Münster eher klein als groß ist, häufen sich gute Lokale hier wie die Fahrräder am Bahnhofsplatz.

„Sandra-Marie"

Teil des Münster Modells (Maßstab 1:500)

Egal, ob Sie den Winter nun lieben oder hassen. Am Charme der Weihnachtsmärkte kommt keiner vorbei. Münster ist besonders attraktiv, denn die wunderschöne Universitätsstadt im Münsterland bietet nicht nur einen, sondern gleich fünf Weihnachtsmärkte! (...) Tolle Weihnachtsmärkte gibt es sicherlich viele, aber in Münster vereint sich der Charme der Stadt.

Julia Wieduwilt

Weihnachtsmarkt am Stadthaus

GLÜHWEIN-TREFF
GLÜHWEIN-TREFF
VÖLLMECKE

Ein Spaziergang über den zugefrorenen Aasee und seine verschneiten Ufer gehört einfach zu den Wohlfühlerlebnissen des Münsteraner Winters.

Nikolaus Stiefel

Die Fahrradhauptstadt, Zentrum von Wissenschaft und Innovation wie dem Batterieforschungszentrum Meet, Kultur und Regionalverwaltung, gilt als lebenswerteste Stadt im Land. Ob das stimmt, mag jeder für sich beurteilen. Aber wer in Münster lebt und arbeitet, möchte eigentlich nicht mehr wegziehen.

Helmut-Peter Etzkorn

„Pax optima rerum" – der Frieden ist das höchste aller Güter. Aus dieser lateinischen Botschaft, die wir noch heute im historischen Friedenssaal des Münsteraner Rathauses lesen können, spricht die in dreißig Jahren furchtbaren Leidens gewonnene Erkenntnis, daß weder der Frieden noch die religiöse Wahrheit im Kriege gefunden werden können. Diese Einsicht war, wie schon gesagt, banal, aber sie war in Wirklichkeit revolutionär. Sie löste einen Prozeß aus, in dem Einsichten, die aus heutiger Sicht außerordentlich modern anmuten, zu Gewißheiten reiften.

Roman Herzog

Botschaft im historischen Friedenssaal

Porträts der Gesandten des Westfälischen Friedens im Friedenssaal

Wenn ich in einer schönen Stadt war, habe ich immer gesagt, sie sei die zweitschönste in Deutschland, ob es nun Bamberg oder Bremen war. Damit provozierte ich die Frage, welche denn die schönste sei. Und dann habe ich gesagt: Münster.

Theodor Heuss

Silvesterfeuerwerk über den Dächern von Münster

Bio- & Bibliografisches

Die verwendeten Zitate stammen überwiegend aus antiquarischer und zeitgenössischer Literatur, aber auch aus Zeitungen, Blogs, Online-Portalen und Facebook-Einträgen aus und über Münster. 365 Gedanken, die sich auf die Stadt beziehen, verfasst innerhalb der zurückliegenden 150 Jahre teils von namhaften, teils von längst vergessenen Autoren, aber auch von Usern elektronischer Medien begleiten die aktuelle Wahrheit: 365 Fotografien. Beide Ausdrucksweisen, die bildliche und die in Worten, stehen in einen interessanten, vielleicht bereichernden, vielleicht überraschenden oder zum Schmunzeln anregenden Zusammenhang.

Versehen mit einem kurzen biografischen Hinweis finden Sie hier die Zitierten in alphabetischer Reihenfolge sowie die dazugehörigen bibliografischen Hinweise (die Pfeile mit den Daten verweisen auf das Datum, an dem das jeweilige Zitat zu finden ist):

Adler, Jörg (*1946) | Präsident des Volleyballvereins USC Münster e.V., bis 2016 Zoodirektor des Allwetterzoos Münster | in: Stadt Münster, Stadtplanungsamt: Fahrradhauptstadt Münster. Alle fahren Rad: Gestern, heute, morgen. Broschüre der Stadt MS → 21.12.

Alsmann, Götz (*1957) | Musiker, Entertainer, Moderator der WDR-Sendung „Zimmer frei" und verschiedener Musiksendungen im TV sowie der Neujahrskonzerte im Münsterschen Theater, Honorarprofessor an der Musikhochschule Münster, lebt in Münster | Das Münster-Interview, in: Münster, MERIAN Heft 10/2006 → 1.1. | in: Westfalen heute v. 29.4.2015: „Drei Fragen an Entertainer Götz Alsmann", www.business-on.de/muenster/200-jahre-westfalen-drei-fragen-an-entertainer-goetz-alsmann_id7136.html (am 7.7.2016 aufgerufen) → 21.8. | in: Jörg W. Rademacher und Christian Steinhagen, Gelehrtes Münster und rundum. 88 Schriftsteller, Philosophen und Theologen. Wohnorte, Wirken, Werke. Der Dichter und Denker Stadtplan, Verlag Jena 1800, Berlin 2005 (Vorwort) → 14.9.

Altenbockum, Jasper von (*1962) | Journalist und Redakteur der FAZ, promovierte in Münster über Wilhelm Heinrich Riehl (Journalist, Novellist und Kulturhistoriker des 19. Jahrhunderts) | Wo der Zapfhahn Kulturgut ist, da ist Stuhlmacher. Die behagliche Seele des Prinzipalmarkts in Münster wird hundert Jahre alt, FAZ v. 4.6.1990 → 15.4.

Althaus, Peter Paul (1892–1965) | Dichter und Autor, Herausgeber der Zeitschriften „Send" und „Reagenzglas", literarischer Kreis des „Sturm und Drang" | in: Jobst A. Kissenkötter, Peter Paul Althaus. Ein Schwabinger Dichter aus Westfalen. (zitiert wird aus einem Tonbandbrief an Klaus Siebenkotten) → 24.9.

„AnnaLisa2“ | Studis Online, Thema: Münster-Klischees (bitte Gegenbeweise!), am 26.8.2009 | www.studis-online.de (am 26.6.2016 aufgerufen) → 30.7.

Anonymus | aus einer Umfrage zur Überprüfung der Studie zum Bild von Münster bei Studierenden, durchgeführt von einem Team um Prof. Dr. Ulrike Röttgers (Kommunikationswissenschaftlerin), Münster 2011 | aus: „Unter Rentnern und Reichen. Welches Münster-Bild haben Studierende? / Es ist sehr deutsch hier, www.wn.de/Muenster/2011/11/Unter-Rentnern-und-Reichen-Welches-Muenster-Bild-haben-Studierende-Es-ist-sehr-deutsch-hier (am 4.8.2016 aufgerufen) → 7.6.

„antoniakonrad“ | Kommentar am 26.7.2013 zu „Party-Logbuch Münster: Gesoffen und rumgehurt wird auch hier“, in: Unispiegel, SPIEGEL Online Forum, www.spiegel.de/unispiegel/ (am 16.8.2016 aufgerufen) → 7.1.

Arcais, Andrea (*1960) | Autor, SPD-Politiker, Geschäftsführer des KlimaDiskurs.NRW, Kommunikationsberater| Wie ein kleiner Urlaub – Der Markt auf dem Domplatz in Münster. Impressionen. Geschichten. Rezepte., Verlag H. Gieselmann, Bielefeld 2007 → 29.4.

„architekt“ | Architekturgespräche, Blog zu Architektur, Bauen, Wohnen, www. architekturgespraeche.de (am 4.8.2016 aufgerufen) → 25.4.

Arnhold, Hermann (*1962) | seit 2004 Direktor des LWL-Museums für Kunst und Kultur in Münster | Rückblick auf das 18. Brillux Architektenforum in Münster am 14.9.2015, www.brillux.de (am 31.8.2016 aufgerufen) → 16.5.

„atlanta04“ | TripAdvisor, Onlineportal / Touristikwebsite | Bewertung der Stadt Münster auf www.tripadvisor.de am 13.10.2009 (am 6.8.2016 aufgerufen) → 24.4.

Autoaufschrift | gesehen auf der Kanalstraße in Münster am 1.8.2016 → 7.2.

Baecker, Wolfgang (*1951) | Vorstandsvorsitzender der VR Bank Westmünsterland eG und Verwaltungsratsvorsitzender der Münsterländischen Bank Thie & Co. KG | aus der Rede am 23.6.2016 bei der Vertreterversammlung der VR Bank Westmünsterland in Borken → 10.3. | aus der Rede am 23.5.2016 auf einer Kundenveranstaltung des Münsterländischen Bankhauses Thie & Co. KG in Münster → 29.6.

Bannert, Trixi (*1966) | Weinhändlerin und Eventmanagerin aus Münster | aus ihrer Rede anlässlich der „Münstarity 2014“ im „Heaven“ → 15.8.

Baumeister, Klaus (*1963) | Journalist und Autor aus Münster | Münster für Anfänger, Aschendorff Verlag, Münster 2010, 3. Auflage → 3.3.; Rektorin überzeugt. Ruck-Rede im Rathaus, Münstersche Zeitung v. 11.1.2016 → 16.4.

Beckel, J. H. | Erhielt die Stadt Münster ihre gegenwärtige Benennung von der Domkirche oder dem Kloster Ueberwasser?, Westfälische Zeitschrift – Zeitschrift für vaterländische Geschichte und Altertumskunde 2, S. 351, Münster 1839 → 8.4.

Behr, Bernd | Journalist, ehem. Leiter der Kulturredaktion der Münsterschen Zeitung, Träger des Theodor-Wolff-Preises (1985/86) | in: Gasthaus Stuhlmacher Jubiläumszeitung, 100 Jahre Stuhlmacher (1990) → 13.6.

Benedikt XVI (*1927) | geboren als Joseph Alois Ratzinger, ehem. Papst, der in Münster als Kardinal und Professor für Dogmatik und Dogmengeschichte 1963–1965 an der WWU Münster lehrte | www.muenster-fans.de (am 31.8.2016 aufgerufen) → 22.9.

Berg, Golo (*1968) | Dirigent, Juror des Deutschen Musikrats, neuer Generalmusikdirektor in Münster (ab 2017), vorher GMD des Theaters Vorpommern | in: Johannes Loy, Golo Berg wird 2017 Münsters GMD, Westfälische Nachrichten v. 18.2.2016 → 30.5.

Bergengruen, Werner (1892–1964) | Schriftsteller, machte sich im Sommer 1933 auf die Fahrt „Mit dem Fahrrad durch Kultur und Geschichte" (so der Untertitel seines Werkes) quer durch Deutschland. Seine Reiseeindrücke veröffentlichte er 1934 nach seiner Rückkehr | Münster im Münsterlande, in: Deutsche Reise, Herder Verlag, Freiburg i. Br. 1969 → 31.3.

Bergenthal, Josef (1900–1982) | freier Autor und Redakteur in Münster, Kritiker der Moderne, unterstützte die Propaganda der Nationalsozialisten, wurde aber nach Ende des Zweiten Weltkrieges als „entnazifiziert" und unbelastet eingestuft und war weiter als Autor tätig | Münster steckt voller Merkwürdigkeiten, 15. Aufl., Regensberg Verlag, Münster 1970 → 27.3.; 26.10.

Bergmann, Rainer | Organisationsleiter des Sparkassen Münsterland GIRO, beim Sportamt der Stadt Münster zuständig für Breiten- und Trendsport, Projekte und Veranstaltungen, „erfand" das Radrennen „Sparkassen Münsterland GIRO" (jährlich am 3.10.) | in: Lisa Korthues, Es heißt Sparkassen Münsterland Giro!, Stadtgeflüster Münster, Januar 2012 → 25.10.

Berthold, Theodor (Gottfried Johann) (1841–1909) | Schriftsteller aus Münster | Der Prinzipalmarkt zu Münster, in: Lose Blätter aus dem Münsterlande und von der Nordsee, S. 39 ff., Ferdinand Schöningh

Verlag, 2. Ausgabe, Münster in Westfalen 1892 → 7.12.

„bloodi“ | Studis Online, Münster-Klischees (bitte Gegenbeweise!), am 26.7.2012 | www.studis-online.de (am 21.7.2016 aufgerufen) → 9.8.

Blücher, Gebhard Leberecht von, Fürst von Wahlstatt (1742–1819) | Generalleutnant der Demarkationstruppen, nach dem Tod des Fürstbischofs Maximilian Franz zum Oberbefehlshaber der preußischen Besatzungstruppen in Westfalen ernannt, ab 1802 zum Militärgouverneur der neuen westfälischen Besitzung Preußens | in: Bekanntmachung des Pardons für die ehemals Münsterschen, jetzt Königlich-Preußischen Truppen, und des Avertissements einer hier vorfallenden Desertion, Münster, den 18ten August 1802, Digitalisat in der ULB Münster, 2014: sammlungen.ulb.uni-muenster.de/hd/content/titleinfo/2505854 (am 1.9.2016 aufgerufen) → 30.08.

Blüm, Nobert (*1935) | CDU-Politiker, Kabarettist und Autor | in: Gasthaus Stuhlmacher Jubiläumszeitung, 100 Jahre Stuhlmacher (1990) → 1.9.

Bockow, Jörg (*1953) | PR- und Kommunikationsberater | www.pressearbeit-bockow.de/muenster-stadtmarketing.htm (am 18.2.2016 aufgerufen) → 19.7.

Böckmann, Gerd (*1944) | Schauspieler, ging in Münster zur Schule, wo sein Vater Klarinettist im Sinfonieorchester war | in: Auf vielen Bühnen der Welt zu Hause. Der Schauspieler Gerd Böckmann aus Münster erinnert sich an Stationen seines Lebens: „Heimat? Nirgends. Überall.“, in: Auf Roter Erde, Heimatblätter für Münster und das Münsterland, Westfälische Nachrichten v. 1.4.2016 → 22.5.

Böker, Hans Josef (*1953) | Studium der Kunstgeschichte, Archäologie und Geschichte in Köln, Saarbrücken, Münster und Oxford. Zahlreiche Veröffentlichungen, insbesondere zur mittelalterlichen Architekturgeschichte | Die Marktpfarrkirche St. Lamberti zu Münster. Die Bau- und Restaurierungsgeschichte einer spätgotischen Stadtkirche, Diss. 1987, R. Habelt, Bonn 1989 → 10.10.

Bohmer, L. | Blogger und Student am Rollins College in Florida, USA, studierte in Münster in einem Austauschprogramm für ‚international students‘ | Sommer Deutschland, Münster Week 1, am 9.7.2014 auf der Homepage von Rollins, Letters to America: social.rollins.edu/wpsites/letters/2014/07/09/munster-week-1/ (am 6.8.2016 aufgerufen) → 20.12.

Borgert, Stephanie | Dipl.-Informatikerin, Autorin, Beraterin | Stephanie Borgert – Expertin für holistisches Management, aus „Köpfe der Region", www.business-on.de/muenster/koepfe-der-region-stephanie-borgert-expertin-fuer-holistisches-management-_id7934.html (am 7.7.2016 aufgerufen) → 26.7.

Boße, André (*1974) | Journalist, studierte in Münster Soziologie, Publizistik und Politik | Party-Logbuch Münster: Gesoffen und rumgehurt wird auch hier, in: Unispiegel, Spiegel Online v. 26.7.2013, www.spiegel.de/unispiegel/ (am 22.8.2016 aufgerufen) → 7.3.

Boyer, Gerhard (1887–1963) | CDU-Politiker, Vorsitzender des Verkehrs- und Heimatvereins, Oberbürgermeister von Münster (1948-1951), trug maßgeblich zum Wiederaufbau des Historischen Rathauses bei | Grußwort in niederdeutscher Mundart zu den Münsterschen Heimattagen 16. bis 18.9.1949, in: Gottfried Schäfers, Als unser Münster sich wieder machte. Erinnerungen an den Wiederaufbau, C.J. Fahle Verlag, Münster 1983, 4. Auflage → 20.5.

Braun, Lily (1865–1916) | Frauenrechtlerin, Politikerin, Schriftstellerin | Memoiren einer Sozialistin, Albert Langen Verlag, München 1909 → 1.2.; 18.9.; 23.10.; 4.11.; 16.11.

Breider, Theo (1903–1993) | Geschäftsführer des Verkehrsvereins Münster, Autor, Gründer des Mühlenhof-Freilichtmuseums | Übersetzung: Münster ist tot. Nun nimm deinen Kopf in beide Hände / und weine, weine, weine! / Eine schöne Stadt ist gestorben - / meine war es und deine: Unser Münster! / Liegt und blutet aus glühenden Wunden, / Stolz und Pracht von tausend Jahren: / Prinzipalmarkt, Dom, Lamberti – / Oh, was sind wir arm geworden! – / Brand und Feuer in deinen Straßen – / Kirchen, Häuser liegen am Grund, / Sarg an Sarg in langen Reihen – / Teufelswerk von einer Stund! | Theo Breider, Ernst, heimatlich, heiter. Plattdeutsche Gedichte, Aschendorff Verlag, Münster 1987, 2. Auflage → 18.10. | in: Gerd Schroeder, Das Museum aus dem Nichts. Der Mühlenhof zu Münster in Gestalten und Geschichten, C. J. Fahle GmbH, Münster 1980 → 20.11.

Breiner, Rolf (*1947) | freier Film-, Fernseh- und Medien-Journalist aus Westfalen | LWL-Museum für Kunst und Kultur Münster, in: Literatur und Kunst, www.literaturundkunst.net/westfalisches-landsmuseum-munster/ (am 24.8.2016 aufgerufen) → 26.8.

Bröker, Monika (*1954) | Stadt im Lindenkranz: Münster, in: Josef Bieker/Monika Bröker, Münsterland, Ellert und Richter Verlag, Hamburg 1989 → 23.3.

Brößkamp, Lisa (*1960) | Journalistin und Buchautorin aus Münster | Münsters beste Seiten – Das Stadtlexikon, münstermitte medienverlag 2015 → 27.1.; 29.5.; 18.6.; 10.12.

Brückmann, O. H. (1827–unb.) | Redaktionsleiter des Westfälischen Merkur in Münster (1860 bis 1862) | Altes und Neues aus dem Münsterlande und seinen Grenzbezirken – Ein Beitrag zur Kunde Westfalens. Ferdinand Schöningh Verlag, Paderborn 1863 → 27.7.; 30.10.

Brüggemann, Dominik | Journalist und Fotograf, Redakteur bei der Dresdener Morgenpost | Münster. Die studentische Fahrradstadt. Via: Studieren in Deutschland. Land der Ideen, auf www.study-in.de (am 19.8.2016 aufgerufen) → 20.1.

Brümmer, Fritz | Autor und Zeichner | Münsters unglaubliche Stadtgeschichte, Graphischer Verlag Irma Brümmer-Gebhard, Hamm 1984 → 14.5.

Bruna, Esther (*1982) | Grafikdesignerin | ihre Abschlussarbeit widmet sich den Themen Buch und Bier | Münsters letzte Altbierbrauerei und Altbierküche, Oktober Verlag, Münster 2009 → 31.8.

Brüning, Heinrich (1885–1970) | als Heinrich Aloysius Maria Elisabeth Brüning in Münster geboren, Politiker der Zentrumspartei, 1930–1932 deutscher Reichskanzler, letzter Kanzler der Weimarer Republik, Ehrenbürger von Münster, seine Grabstelle ist auf dem hiesigen Zentralfriedhof | aus seiner Rede zur Grundsteinlegung beim Wiederaufbau des Historischen Rathauses am 9.7.1950, in: Martina Meißner, Quark in den Mörtel, Ruhrnachrichten v. 29.10.2008 → 10.6.

Busch, Wilhelm (1832–1908) | Dichter und Zeichner u.a. der bekannten Lausbubenstreiche „Max und Moritz" | Text aus einem Brief vom 8.10.1900 aus Mechtshausen an Johanna Kessler, in: Sämtliche Briefe, Bd. 2, Verlag Beek, Hannover 1969 → 10.9.

Buy, Thomas du (*1964) | Karstadt-Filialgeschäftsführer in Münster von 2009–2015 | in: Gabriele Hillmoth, Rat sollte Einstellung zu Adventssonntag überdenken. Scheidender Karstadt-Chef plädiert für offenen Adventssonntag, Westfälische Nachrichten v. 4. 2. 2015 → 9.12.

Caputo, Carmelo (*1966) | Inhaber der Restaurants „Caputo's" in der Königsstraße und „Villa Medici" am Prozessionsweg, letzteres mehrfach ausgezeichnet als eines der besten italienischen Restaurants in Deutschland | in: Yvonne Purucker/Philip Haarmann, Villa Medici – Ein Italiener in Münster, münstermitte medienverlag 2014 → 1.5.

„carolola" | Studis Online, Münster-Klischees (bitte Gegenbeweise!), am 5.3.2000 | www.studis-online.de (am 21.7.2016 aufgerufen) → 19.4.

„CCAA85“ | Studis Online, Münster-Klischees (bitte Gegenbeweise!), am 13.2.2013 | www.studis-online.de (am 21.7.2016 aufgerufen) → 23.2.

Chigi, Fabio (1599–1667) | von 1655 bis 1667 katholischer Papst Alexander VII. in Rom, als Gesandter des Papstes Innozenz X. in Münster zu den Verhandlungen des Westfälischen Friedens (1844–1849) | Gedichte zu seinem Aufenthalt in Münster von 1644–1649 mit einem Vorwort von Helmut Lahrkamp, Regensberg Verlag, Münster 1993, 7. Auflage → 17.5.; 21.6.; 17.9.

Couwenbergh, Sofie | Reisebloggerin aus Leuven | Blog „Wonderful Wanderings“ am 6.6.2016, wonderfulwanderings.com/munster-germany/ (am 24.8.2016 aufgerufen) → 23.8.; 19.10.

Däniken, Erich von (*1935) | Schweizer Schriftsteller und „Wissenschaftskritiker“ (oder auch Anhänger von Verschwörungstheorien) | zitiert nach: Carsten Krystofiak, Zeitzeichen Münster v. 13.1.2010 (www.nadann.de/Redaktion/Zeitzeichen/2010-01-13 (am 24.8.2016 aufgerufen) → 20.7.

Damwerth, Wilhelm (1923–1988) | freier Schriftsteller und Herausgeber aus Münster, Mitglied der Fachstelle Literatur und Publizistik des Westfälischen Heimatbundes | Und unter uns ein weites Land, in: Kleine Bettlektüre für herzhafte Münsteraner. Literarische Leckerbissen für heimattreue und gastfreundliche Domstadtbürger von echtem Schrot und Korn. Ausgewählt von Jürgen Lütge, Scherz Verlag Bern (ohne Erscheinungsjahr) → 28.8.

„David85“ | Kommentar zu „Party-Logbuch Münster: Gesoffen und rumgehurt wird auch hier“, Unispiegel v. 26.7.2013, www.spiegel.de/unispiegel/ (am 15.8.2016 aufgerufen) → 25.2.

„Dominik B.“ | Yelp, städtebasiertes Suchportal, www.yelp.de, Suchwort: Promenade, am 24.9.2014 (am 6.8.12016 aufgerufen) → 20.4.; 15.6.

Domke, Helmut (1914–1986) | Theater- und Literaturkritiker, freier Schriftsteller | Die Hauptstadt unter dem Krummstab, in: Westfalen und Land an der Ruhr – Feuer, Erde, Rote Rose, Prestel Verlag, München 1978, 4. Auflage → 15.1.; | Hauptstadt ohne Triumphbögen, in: Diethard H. Klein und Herbert Grohmann (Hrsg.), Münster. Ein Lesebuch. Husum Verlag 1987 → 22.10.

Doppio, Riccardo | Sänger | aus: „Flieg hinauf, Preußenadler“, Münster4Life youtube-Channel www.youtube.com/watch?v=0Y0vfhWR8OU (am 2.8.2016 aufgerufen) → 21.10.

Droste-Hülshoff, Annette von (1797–1848) | geboren als Anna Elisabeth Franzisca Adolphina Wilhelmina Ludovica Freiin von Droste zu Hülshoff aus Burg Hülshoff bei Münster, Schriftstellerin, Dichterin und Komponistin | in: Diethard H. Klein (Hrsg.): Westfälisches Hausbuch. Von guter alter Zeit an Ruhr und Sieg, Lippe und Ems, S. 17, Freiburg im Breisgau 1983 → 24.1.

Dürrenmatt, Friedrich (1921–1990) | Autor, Zeichner und Dramatiker | Es steht geschrieben. Die Wiedertäufer. Zwei Stücke, dtv 1979 → 3.10.

Dye, Simon | niederländische Soul- und Gospel-Sängerin, wohnt in Münster | in: Thomas Eickhoff (Hrsg.), Münster Music. Von Alsmann bis Zwillinge, Ardey Verlag , Münster 2010 → 27.8.

Eichel, Willy (*1924) | Pianist, Komponist, Texter und Sänger, machte sich u.a. im münsterschen Karneval einen Namen (KG Paohlbürger), z.B. als Erfinder des Tennengerichts | aus seinen Lebensaufzeichnungen, www.eichelwilly.de (am 31.8.2016 aufgerufen) → 13.12.

Eickhoff, Thomas (*1966) | Autor aus Münster | in: Thomas Eickhoff (Hrsg.): Münster Music. Von Alsmann bis Zwillinge, Ardey Verlag, Münster 2010 → 24.5.

„Elmar Müller“ | Kommentar zu „Party-Logbuch Münster: Gesoffen und rumgehurt wird auch hier“, in: Unispiegel v. 26.7.2013, www.spiegel.de/unispiegel/ (am 15.8.2016 aufgerufen) → 16.6.

Emerson, John Bonnell (*1954) | Wirtschaftsanwalt, seit 2013 Botschafter der Vereinigten Staaten in Deutschland, lebt mit seiner Frau und drei Kindern in Berlin | aus seiner Rede beim Empfang im Friedenssaal am 23.10.2014 → 7.8.

Etzkorn, Helmut-Peter (*1954) | Redakteur, Autor und Fotograf aus Münster, 2. Vorsitzender des Pressevereins Münster-Münsterland im Deutschen Journalistenverband, Mitglied der Medienkommission der Landesanstalt für Medien in Düsseldorf | Münster & Land – Willkommen, münstermitte medienverlag, Münster 2014 → 23.5.; 29.12.

„ExMünsteranerin“ | Studis Online, Münster-Klischees (bitte Gegenbeweise!), am 6.5.2012 | www.studis-online.de (am 24.7.2016 aufgerufen) → 11.7.

Faber, Gustav (1912–1993) | Reisejournalist und Sachbuchautor, Kulturpreisträger der Stadt Karlsruhe 1953 | Die Kolonnaden, in: Diethard H. Klein und Herbert Grohmann (Hrsg.), Münster. Ein Lesebuch. Husum Verlag 1987 → 6.12.

Farwick, Christa (*1960) | Redakteurin, Autorin und Kommunikationsberaterin / Riese, Adam (*1966) | Moderator, Showmaster und Autor | Das Münsterbuch. Der Stadtführer, Daedalus Verlag, Münster 2010, 4. Aufl. → 25.6.

Feldhaus, Franz (*1949) | Inhaber der Traditionsgaststätte „Stuhlmacher" am Prinzipalmarkt | in: Gasthaus Stuhlmacher Jubiläumszeitung, 100 Jahre Stuhlmacher (1990) → 5.6.

Fischer, Detlef (*1952) | Autor, studierte Design, Freie Kunst und Pädagogik in Münster | Münster von A bis Z, Aschendorff Verlag, Münster 2000 → 14.6.

Fischer, Tim (*1973) | Sänger und Schauspieler| in: Elisabeth Ostermann, La vie en chanson, Stadtgeflüster Münster, März 2012 → 28.7.

Flechtheim, Alfred (1878–1937) | Kaufmann, stammte aus einer jüdischen Getreidespediteursfamilie, begann seine zweite Karriere als Kunsthändler 1909 im Düsseldorfer Kunstleben, emigrierte 1933 nach London | in: Katalog zur Ausstellung „Alfred Flechtheim – Sammler, Kunsthändler, Verleger", 1987, Kunstmuseum Düsseldorf → 31.5.

Folkerts, Liselotte (*1929) | Anwältin, Literaturhistorikerin, Sammlerin von Annette von Droste-Hülshoff-Memorabilia | Münster. Nicht immer war es Liebe auf den ersten Blick. Münster und das Münsterland in Stimmen und Bildern durch Jahrhunderte, Laumann-Verlag, Dülmen 1992 → 9.1.

Fox Weber, Nicholas (*1947), amerikanischer Kunsthistoriker, executive director der Josef Albers Foundation | Steeples and Schnapps in Westphalia, The New York Times, Travel, v. 9.10.1988 → 29.9.

Franzen, Brigitte (*1966) | Kunsthistorikerin, Kuratorin der skulptur projekte münster 07 (mit Kaspar König und Carina Plath) | in: skulptur projekte münster Magazin No. 1, 30.5.2007, Das Magazin zur Ausstellung, online download unter www.skulptur-projekte.de (am 1.9.2016 aufgerufen) → 26.5.

Fraszewski, Lisa (*1990) | Journalistin und Bloggerin aus Münster | Homepage: www.lisafraszewski.de (am 30.8.2016 aufgerufen) → 25.5.

Freiligrath, Ferdinand (1810–1876), Lyriker und Übersetzer / **Schücking, Levin** (1814–1883), Schriftsteller und Journalist | Gang durch eine geschichtsträchtige Stadt – Das malerische und romantische Westphalen, Faksimile Nachdruck der 2. Aufl. von 1872, Ferdinand Schöningh Verlag, Paderborn 1977, 7. Auflage → 8.5.

Freudenthal von 1833 e.V. | Karnevalsgesellschaft aus Münster | aus dem Büttenmarsch „Es gibt nur ein Freudenthal" zur Session 1948/49, Text: Jans Gilhaus, Musik: Franz Tumbrink → 9.2.

Freisfeld, Andreas | münsterscher Kaufmann, Juwelier, Journalist und ehem. Aufsichtsratsvorsitzender des Verkehrsvereins Münster GmbH | in: Gasthaus Stuhlmacher Jubiläumszeitung, 100 Jahre Stuhlmacher (1990) → 24.2.

Friedrich, Werner | Oberstudienrat am Gymnasium Dionysium in Rheine, Politiker (Bündnis 90 / Die Grünen) | in: Hermann Willers, Münster. Bildband, Tecklenborg Verlag, Steinfurt 2009 → 18.7.; 15.12.

Frobusch, Bruni (*1954) | ehem. Redakteurin bei der Münsterschen Zeitung, Autorin | in: echo-muenster.de, v. 9.9.2008, zur Bürgerumfrage 2008 der Stadt Münster → 25.7.

Galen, Hans (*1933) | Historiker und Kunsthistoriker, 1979–1998 Direktor des Stadtmuseums Münster | Das Museumsgebäude – Architektur und Konzeption, in: Hans Galen (Hrsg. im Auftrag der Stadt Münster), Geschichte der Stadt Münster im Stadtmuseum Münster, Aschendorff Verlag, Münster 1989 → 16.7.

„Gast-aus-dem-Web" | Studis Online, Münster-Klischees (bitte Gegenbeweise!), am 18.11.2009 | www.studis-online.de (am 6.7.2016 aufgerufen) → 17.7.

Gauck, Joachim (*1940) | Bundespräsident, anlässlich eines Besuches am 28.11.2013 in Münster zum Thema „Islam in Wissenschaft und Bildung" | www.bundespraesident.de, unter Reden und Interviews, Themenbesuch Islam (am 24.8.2016 aufgerufen) → 22.6.; 2.10.

Geisberg, Max Heinrich (1875–1943) | Stadtarchivar, Leiter der Landesmuseums, inventarisierte die Bau- und Kunstdenkmäler Münsters | in: Paul Pieper (Hrsg.), Max Geisberg – Meine Jugend im alten Münster, Aschendorff Verlag, Münster 1984 → 9.11.

Genn, Felix (*1950) | seit 2008 Bischof von Münster | in: Tom Feuerstacke, Handlungsreisender im Namen der Katholischen Kirche, Stadtgeflüster, Dezember 2013 → 23.12.

Gertz, Holger (*1968) | Journalist, Süddeutsche Zeitung, „Tatort-Kolumne", eine kritische Nachlese des ARD-Krimis | Absaufen? Doch nicht Boerne und Thiel, Süddeutsche Zeitung v. 6.11.2015 → 27.2. | Münster, die lebenswerteste Stadt der Welt: „Na und? Haben wir doch eh immer gewußt", in: Süddeutsche Zeitung v. 29./30.1.2005 → 23.7.

Goethe, Johann Wolfgang von (1749–1832) | Dichter, Dramaturg und Autor, studierte Rechtswissenschaften, forschte naturwissenschaftlich, war ein einziges Mal in Münster zu Gast beim „Kreis von Münster" und der Fürstin Amalia von Gallitzin | in: Diethard H. Klein (Hrsg.), „Westfälisches Hausbuch. Von guter alter Zeit an Ruhr und Sieg, Lippe und Ems: Geschichten, Bilder und Gedichte", Rombach Druckhaus, Freiburg i. Br. 1983 → 7.9.

Grün, Max von der (1926–2005) | Schriftsteller, Autor u.a. des Jugendbuchs „Vorstadtkrokodile" (1976) | Flug über Zechen und Wälder. Nordrhein-Westfalen – Land der Gegensätze, Georg Westermann Verlag, Braunschweig 1970 → 16.12.

Gstettenbauer, Maxi (*1988) | eigentlich Maximilian Ronald Alfons Gstettenbauer, niederbayrischer Komiker | im Gespräch mit dem Radiosender 1LIVE am 26.3.2016 über das Event „Eine Nacht in..." am 29.4.2016 in Münster als Teil der „Generation Gag" → 6.5.

Haas-Tenckhoff, Bruno (1893–1978) | Bibliothekar an der Universitätsbibliothek Münster, Autor zahlreicher Beiträge zur Kulturgeschichte Münsters und des Münsterlandes | Münster und die Münsteraner in Darstellungen aus der Zeit von dem achtzehnten Jahrhundert bis zur Gegenwart, Verlag der Universitäts-Buchhandlung Franz Coppenrath, Münster 1924 → 8.2.

Hänscheid, Heike | münstersche Journalistin und Autorin | in: Gasthaus Stuhlmacher Jubiläumszeitung, 100 Jahre Stuhlmacher (1990) → 12.9. | in: Hänscheid, Heike / Otto, Werner, „Münster", Wartberg Verlag 2011 → 5.10.

Hambrett, Liv | australische Reise-Bloggerin und Journalistin, lebte eine Weile in Münster und anderen deutschen Städten, ihre Münster-Erlebnisse sind geschrieben in den Jahren 2010 ff. | www.livhambrett.com (am 1.9.2016 aufgerufen) → 19.8.

Hamerling, Robert (1830–1889) | österreichischer Poet, Autor und Gymnasiallehrer, zu seinem Hauptwerk zählt der 1869 verfasst Titel „Der König von Sion", in dem er sich mit den Wiedertäufern auseinandersetzte. Obwohl er nie in Münster war, enthält das Werk detaillierte Beschreibungen der Stadt | Der König von Sion, Epische Dichtung in zehn Gesängen. Kapitel 5, Zweiter Gesang, Unter den Arkaden. Jean Paul Friedrich Eugen Richter, Hamburg und Leipzig 1869 → 9.6.

Hart, Heinrich (1855–1906) | Autor und Kritiker, machte 1874 Abitur in Münster auf dem Gymnasium Paulinum | Wir Westfalen. Auszug aus seinen Lebenserinnerungen, in: Diethard H. Klein (Hrsg.), Westfälisches Hausbuch. Von guter alter Zeit an Ruhr und Sieg, Lippe und Ems, Rombach Druckhaus, Freiburg i. Br. 1983 → 14.10.

Harting, Lis | niederländische Diplom-Gesangspädagogin und Sängerin, lebt seit 1995 in Münster, lehrt seit 2004 an der Westfälischen Schule für Musik | in: Thomas Eickhoff (Hrsg.), Münster Music. Von Alsmann bis Zwillinge, Ardey Verlag , Münster 2010 → 28.10.

Hartmer, Andreas (*1971) | Gastronom aus Münster (A2 am Aasee) | in: Annalena Brix: Ein Mann, ein See!, Stadtgeflüster Münster, Februar 2012 → 19.6.

Hauptmann, Gerhart (1862–1946) | naturalistischer Dramatiker und Schriftsteller, Nobelpreisträger für Literatur 1912 | Die Wiedertäufer. Roman (Fragment 1904 bis 1922), in: H. E. Hass (Hrsg.), Sämtliche Werke, Band 10, Berlin 1970 → 16.8.

Heereman, Constantin Freiherr von (*1931) | mit vollem Namen Constantin Bonifatius Herman-Josef Antonius Maria Freiherr Heereman von Zuydtwyck, CDU-Politiker und Forstwirt aus Münster | Die Stadt Münster, www.muenster-fans.de (am 6.7.2016 aufgerufen) → 13.5.

Heflik, Roman (*1976) | Journalist und Redakteur (ZEIT u.a.) | Internationaler Städtepreis. Münster zur lebenswertesten Stadt der Welt gewählt, SPIEGEL ONLINE v. 19.10.2004, www.spiegel.de/panorama/ (am1.9.2016 aufgerufen) → 2.4.; 5.7.

Heithoff, Jörg | Autor und Unternehmer aus Münster (Heithoff & Companie) | Kreativkai mit ‚Zoo-Effekt', www.muenster-urban.de/kreativkai-mit-zoo-effekt/ (am 28.4.2016 aufgerufen) → 15.5.

Henke, Konrad (1752–1809) | lutherischer Professor für Theologie und Philosophie, schrieb viele kirchenhistorische Texte | in: Zeitschrift für vaterländische Geschichte und Altertumskunde. Herausgegeben vom Verein für Geschichte und Altertumskunde Westfalens, Vierundsechzigster Band. Regensbergsche Buchhandlung und Buchdruckerei (B. Theissing), Münster 1906 → 5.2.; 28.5.

Henkel, Hermann (*1938) | Redakteur, stammt aus dem Kreuzviertel in Münster | Wo Käfige am Kirchturm hängen, in: Volkshochschule der Stadt Münster (Hrsg.), MSZ – Münsters Senioren Zeitung v. März 2009 → 10.2.

Henze, Anton (1913–1983) | Redakteur und Journalist | Alle Wege führen nach Münster, in: Diethard H. Klein und Herbert Grohmann (Hrsg.), Münster. Ein Lesebuch. Husum Verlag 1987 → 3.1.

Herzog, Roman (*1934) | deutscher Bundespräsident 1994–1999 | aus seiner Rede anlässlich des

350jährigen Jubiläums des Westfälischen Friedens in Münster am 24.10.1998 | www.bundespraesident.de, unter Die Bundespräsidenten, Roman Herzog, Reden (am 5.9.2016 aufgerufen) → 30.12.

Heuss, Theodor (1884–1963) | erster Bundespräsident der Bundesrepublik Deutschland (1949–1959)| zitiert nach einer Meldung des Presseamts der Stadt Münster vom 10.12.2013 → 31.12.

Hildebrand, Dieter (1927–2013) | Kabarettist, Schauspieler und Autor | Die Stadt Münster, www.muenster-fans.de (am 6.7.2016 aufgerufen) → 9.3.

Hönke, Robert (Alexander) | Vorstandsmitglied des Westfälischen Reitervereins e.V., Veranstalter des Turniers der Sieger, Münster | Die Stadt Münster und seine Pferdestärken, www.turnierdersieger.de/pdf/Informationen zu Pferdestaerken.pdf (am 20.8.2016 aufgerufen) → 17.1.

Hoffmans, Christiane (*1961) | Kunsthistorikerin, Journalistin und Literaturwissenschaftlerin | Das neue Kunstmuseum wird Münster gut tun, Die Welt v. 23.9.2014 → 4.1.

Hoffmeister, Dieter / Wendt, Björn | Hoffmeister lehrt am Institut für Soziologie an der WWU Münster, Wendt ist wissenschaftlicher Mitarbeiter | aus einer Studie mit Studierenden der WWU Münster als Ergebnis eines Lehrforschungsprojekts, Eliten in Münster. Gemeinsamkeiten, Unterschiede und lokale Machtkämpfe, LIT Verlag, Münster 2011 → 14.3.

Homann, Hermann (1899–1985) | Lehrer, Schriftsteller, mehrere Auszeichnungen für seine Verdienste um die niederdeutsche Sprache | Drei Käfige am Turm. Aufstieg und Fall des Wiedertäuferreiches in Münster 1534/35, F. Coppenrath Verlag, Münster 1977 → 24.11.

Huch, Ricarda (1864–1947) | Schriftstellerin, Dichterin, Philosophin und Historikerin, wurde als eine der ersten Frauen überhaupt in Zürich promoviert, veröffentlichte insgesamt 70 Städteporträts. Ihre Beschreibung Münsters erschien 1927. | Im alten Reich: Lebensbilder deutscher Städte, Ullstein Verlag, Frankfurt/M., Berlin, Wien 1980 → 21.3.; 10.4.

Hunsteger-Petermann, Thomas (*1953) | CDU-Politiker, seit 1.10.1999 Oberbürgermeister von Hamm | Zitate des OB auf der städtischen Homepage von Hamm, www.hamm.de/ob/woertlich/zitate.html (am 29.8.2016 aufgerufen) → 2.5.

Immermann, Karl Leberecht (1796–1840) | Jurist, Rezensent und Schriftsteller, Dramatiker, u.a. am

Düsseldorfer Stadttheater, 1819–1824 war er in Münster als Auditeur (juristischer Beirat beim Militär) tätig | in: Liselotte Folkerts, Münster, nicht immer war es Liebe auf den ersten Blick. Münster und das Münsterland in Stimmen und Bildern durch Jahrhunderte, Laumann Verlag, Dülmen 1992 → 18.5.

Jahn, Friedrich-Adolf (1935–2016) | Jurist, CDU-Bundestagsabgeordneter, bekam kurz vor seinem Tod 2016 das „Silberne Rathaus" verliehen | in: Dirk Anger, Ein Mann mit Haltung. Früherer Bundestagsabgeordneter Friedrich-Adolf Jahn mit 81 Jahren gestorben, Westfälische Nachrichten v. 16.6. 2016 → 25.11.

Jahreis, Peter (*1943) | 47 Jahre Sänger, Schauspieler, Regisseur und Werbeleiter am Theater Münster | Mein Theater in Münster – Vier Jahrzehnte erlebte Theatergeschichte(n), Aschendorff Verlag 2007 → 3.6.

„Jeannie2104" | Studis Online, Münster-Klischees (bitte Gegenbeweise!), am 12.2.2009 | www.studis-online.de (am 7.8.2016 aufgerufen) → 17.10.

„John" aus Vancouver | Blickpunkte Münster, www.blickpunkte-muenster.de (am 24.8.2016 aufgerufen) → 25.3.

Joris (eigentlich Ramon Buchholz) (*1989) | Singer/Songwriter, dreifacher Echo-Gewinner 2016 | in: Stephan Günther, Münster Mittendrin – Unsere Leser trafen Joris, Alles Münster v. 12.7.2016, www.allesmuenster.de/cms/muenster-mittendrin-unsere-leser-trafen-joris/ (am 22.8.2016 aufgerufen) → 16.2.

Jørgensen, Jens Johannes (1866–1956) | dänischer Schriftsteller, vor allem bekannt für seine Biografie des Heiligen Franz von Assisi, reiste zu Studienzwecken auch durch Westfalen, 1902 besuchte er Münster | Tage in Westfalen, in: Reisebilder aus Nord und Süd, Verlag der Alphonsus-Buchhandlung, Münster 1907 → 23.6.

Jordan, Jan (*1980) | alias „Deutschlandjäger", Reiseblogger und Kommunikations- und PR-Experte aus Stuttgart| www.deutschlandjaeger.de/typisch-muenster/ (am 24.8.2016 aufgerufen) → 7.7.

Kalbhenn, Marlies (*1945) | Referentin, Dozentin, Autorin, Publizistin | Münster – mein halbes Herz ließ ich in dir, gemeinsam mit Willi Ahlmer, Hoener's BUREAU, Münster 2008 → 20.8.

Kaminer, Wladimir (*1967) | Schriftsteller aus Moskau, bekam 1990 Asyl in Ost-Berlin, ist heute deutscher Staatsbürger | Liebesgrüße aus Deutschland, Verlag Manhattan, München 2011 → 12.3.

Kaiser, Roland (*1952) | eigentlich Ronald Keiler, Schlagersänger, lebt seit 2008 wieder in Münster-Nienberge, wo er vor seinem Berlinaufenthalt bereits 10 Jahre gewohnt hat | in: Tobias Großekemper, Hier kannst Du leben, Münstersche Zeitung v. 8.9.2008 → 5.5.

Karliczek, Rainer | ehem. Leiter des Stadtplanungsamtes Münster, Autor, Karikaturist | Münster will nach oben – 50 Jahre Planen und Bauen (1965-2005), Aschendorff Verlag, Münster 2015 → 18.11.

„KaY“ | Studis Online, Münster-Klischees (bitte Gegenbeweise!), am 14.8.2005 | www.studis-online.de (am 8.7.2016 aufgerufen) → 4.6.

Kehrer, Jürgen (*1956) | Journalist und Schriftsteller, lebt seit 1974 in Münster | in: Annette Kessen, Gehend durch den Kopf gehen – unterwegs mit Jürgen Kehrer, Münstersche Zeitung v. 5.9.2007 → 12.5. | in: Thomas A. Nufer (Hrsg.), 1secMS, 29.2.200, 12:00 Uhr. 110x Münster in einer Sekunde, Druck- und Verlagshaus Bitter, Recklinghausen 2000 → 30.9.

Kill, Susanne | Mitglied der Gesellschaft für Unternehmensgeschichte, untersuchte im Auftrag der Deutschen Bahn u.a. die Rolle der Reichsbahn im Strafvollzug der DDR | Bürgertum in Münster. 1770–1870. Bürgerliche Selbstbestimmung im Spannungsfeld von Kirche und Staat, R. Oldenbourg Verlag, München 2001 → 1.3.

Kirchhoff, Karl-Heinz (1925–2014) | Landesverwaltungsdirektor, Mitglied der Historischen Kommission des LWL in Münster | Die ‚Wiedertäufer-Käfige' in Münster. Zur Geschichte der drei Eisenkörbe am Turm von St. Lamberti, Aschendorffsche Verlagsbuchhandlung, Münster 1996 → 11.3.

Kissinger, Henry A. (*1923) | ehem. US-Außenminister, Friedensnobelpreisträger | bei einem Besuch am 14.3. 1988 in Münster, zitiert nach Münster Marketing www.tourismus.muenster.de (am 22.8.2016 aufgerufen) → 12.10.

Kisters, Jan | selbständiger Handelsvertreter und Teammanager bei Swiss Life Select, Münster | aus: „GEHEIMTIPP MÜNSTER. Swiss Life Select-Berater Jan Kisters zeigt uns Münster“, magazin.swisslife-select.de/heimvorteil-muenster/ (am 16.7.2016 aufgerufen) → 12.1.

Kitzmann, Arnold (*1943) | Psychologe, Autor, Personalentwickler, Berater und Inhaber eines Management-Instituts in Münster für Führungskräfte aus Wirtschaft und Verwaltung | in: Katharina Heidmann, Unternehmen können gut ausgebildete, junge Mitarbeiter durch Weiterbildung an sich binden, www.business-on.de/muenster/koepfe-der-region-dr-arnold-kitzmann-_id4804.html (am 6.7.2016 aufgerufen) → 1.7.

Klein, Diethard H. | Autor, Übersetzer und Verleger, machte sich vor allem mit Regional-Anthologien und

-hausbüchern einen Namen | in: Diethard H. Klein / Herbert Grohmann (Hrsg.), Münster. Ein Lesebuch, Husum Verlag 1987 → 15.7.

Klimke, Reiner (1936–1999) | Dressur- und Vielseitigkeitsreiter, CDU-Politiker aus Münster | Die Stadt Münster, www.muenster-fans.de (am 23.8.2016 aufgerufen) → 12.8.

Kock, Erich (1925–2016) | Schriftsteller, Publizist und Autor, wuchs im Kreuzviertel in Münster auf | Die Jahre wie die Wolken gehen. Kindheit und Jugend in Münster 1930–1943, AT Edition, Münster 2014, 2. Auflage → 3.8.; 7.10.; 15.11.; 24.12.

König, Kasper (*1943) | eigentlich Rudolf Hans König, Kunstprofessor, Kurator, von 2000 bis Ende Oktober 2012 Direktor des Museums Ludwig in Köln, Künstlerischer Leiter der skulptur projekte münster | in: Internationale Kunstschau in Münster. Kasper König leitet Skulptur Projekte 2017, am 4.9.2014, WDR Studio Münster (Thema des Tages) → 16.3. | in: skulptur projekte 07 – Magazin No. 1, v. 30.5.2007 → 14.7.

Krajewski, Christian | Akademischer Oberrat am Institut für Geographie an der WWU Münster | in: Henrik Oerding, Bauboom am Stadthafen 1, Münster Urban, www.muenster-urban.de/bauboom-am-stadthafen-1/ (am 28.4.2016 aufgerufen) → 31.7.

Krebs, Julius | Herausgeber verschiedener Journale und Zeitungen, u.a. „Der Welthorizont. Universalzeitung für gebildete Stände" | Der moderne Rübezahl. Ein Cyclus von Reisenovellen. Aus den Papieren eines Dichters, erstes Bändchen, Druck und Verlag von M. Friedländer, Breslau 1837 → 8.9.

Kretschmer, Guido Maria (*1965) | Designer aus Münster, lebt heute u.a. in Berlin, studierte Modedesign in Barcelona, kreierte die TV-Styling-Show „Shopping Queen" | in: Thorsten Kambach, Mann hat's nicht leicht, aber schön ist es doch, Stadtgeflüster Münster, März 2012 → 4.2.

Krips, Anja | Tänzerin, Sängerin, Gründerin des Cirque Bouffon (gemeinsam mit ihrem Mann Frédéric Zipperlin) | in: Thorsten Kambach, Keine Löwen und Tiger haben, aber Zirkus machen!, Stadtgeflüster Münster, Februar 2012 → 12.4.

Krystofiak, Carsten (*1967) | Werbekaufmann, Journalist und Autor aus Münster | Münster – was nicht im Stadtführer steht, Reportagen, Oktober Verlag, Münster 2010 → 26.3.; 22.7 | Zeitzeichen Münster, in: na dann... Wochenschau für Münster. #17/2016 (28.4.–4.5) → 26.9.

„Lajana“ | Studis Online, Münster-Klischees (bitte Gegenbeweise!), am 2.3.2013 | www.studis-online.de (am 6.8.2016 aufgerufen) → 3.9.

Landknechtslied (ohne Verfasser) | aus dem Antwerpener Liederbuch, Landknechtslied bei der Belagerung von Münster – 1534. In: Diethard H. Klein (Hrsg.), Westfälisches Hausbuch. Von guter alter Zeit an Ruhr und Sieg, Lippe und Ems, Rombach Druckhaus, Freiburg i. Br. 1983 → 30.3.

Langner, Stefan | Musiker, Tontechniker, Produzent, (u.a. Komponist und Texter der Band „Die Landeier“ aus Harsewinkel)| „Hier in Münster“, www.die-landeier.de → 12.11.

Lansink, Leonard (*1956) | Schauspieler, spielt seit 1997 den kauzigen Privatdetektiv „Wilsberg“ in der gleichnamigen ZDF-Reihe, lebt in Berlin | in: David Denk, Schreibt doch, was ihr wollt, taz v. 11.4.2009 → 17.2. | in: Lukas Speckmann, Wilsberg feiert Jubiläum, Westfälische Nachrichten v. 25.11.2008 → 9.9. | in: Carsten Linnhoff, ‘Wilsberg‘ würde gerne mit Liefers und Prahl drehen, DIE WELT v. 1.1.2016 → 4.10.

„Lara LS“ | Studis Online, Münster-Klischees (bitte Gegenbeweise!), am 29.10.2012 | www.studis-online.de (am 6.8.2016 aufgerufen) → 17.6.

„Leeze“ | Studis Online, Münster-Klischees (bitte Gegenbeweise!), am 27.6.2013 | www.studis-online.de (am 6.8.2016 aufgerufen) → 6.10.

Lehmann, Karl (*1936) | wurde 1983 Bischof von Mainz und 2001 zum Kardinal ernannt, kam mit dem Theologen Karl Rahner nach Münster, der hier eine Professur für Dogmatik und Dogmengeschichte hatte (1967–1971) | Auf meine Münsteraner kann ich mich verlassen, in: Jürgen Böckling (Hrsg.), Denk ich an Münster..., Aschendorff Verlag, Münster 2000 → 19.2.

Lentz, Michael (1926–2001) | Drehbuchautor, Filmemacher und Journalist | in: Begleitheft der DVD „Alle Jahre wieder“ (1967), ein Kult-Film von Ulrich Schamoni. Herausgeber: Volker Jakob im Auftrag des Landschaftsverband Westfalen-Lippe, erschienen 2007 → 3.4.

Lewe, Markus (*1965) | CDU-Politiker, seit 2009 Oberbürgermeister von Münster | in: André Auf der Landwehr, Fragen an Markus Lewe – Münster, Münster Journal 2015/09 v. 11.9.2015, www.muenster-journal.de/2015/09/fragen-an-markus-lewe-muenster/ (am 1.9.2016 aufgerufen) → 8.1. ; 11.5. | aus: Presseinfo der Stadt Münster v. 12.5.2015 zu den Ergebnissen der Bürgerumfrage 2015 → 28.2. | www.muenster.de/stadt/obm/ (am 18.8.2016 aufgerufen) → 5.3.

Leyk, Randolf (*1966) | Journalist/Fotograf aus Marl, Chef vom Dienst Medienhaus Bauer, Leitung Online | Auf nach Münster. Spannendes vor der Haustür, Dattelner Morgenpost v. 3.5.2016 → 13.7.

Lied zur Vollendung des Lambertikirchturms 1898 (ohne Verfasser) | Quelle: privater Bestand des ehrenamtlichen Präsenzdienstes der Gemeinde St. Lamberti → 19.11.

Liefers, Jan Josef (*1964) | Schauspieler, Produzent, Regisseur und Musiker, spielt im Münster-Tatort den Professor Karl-Friedrich Boerne | in: Ralf Repöhler, Boerne golft besser als Jan Josef Liefers, Westfälische Nachrichten v. 7.5.2013 → 9.7.

Lindenberg, Udo (*1946) | Musiker und Maler, gründete mit Steffi Stephan (Inhaber des Jovel) in Münster die Band „Panikorchester" | in: Thomas A. Nufer (Hrsg.), 1secMS, 29.2.200, 12:00 Uhr. 110x Münster in einer Sekunde, Druck- und Verlagshaus Bitter, Recklinghausen 2000 → 3.7.

Löns, Hermann (1866–1914) | Journalist, Dichter und Schriftsteller, kam 1884 nach Münster, war Schüler am Paulinum und studierte auch in Münster. Mit dem Städtebild „Die Münstersche Luft" setzte er der Stadt, die er als seine Heimatstadt ansah, ein literarisches Denkmal | Mein niedersächsisches Skizzenbuch, Sponholtz Verlag, Hannover 1924 → 6.7.; 14.8. | in: Diethard H. Klein/ Herbert Grohmann (Hrsg.), Münster. Ein Lesebuch, Husum Verlag 1987 → 25.1.; 26.2.

Lucas, Walter (*1960) | Kaufmann / Betriebswirt, Geschäftsführer der Unternehmensgruppe GOP Architekten & Kaufleute in Münster, Münster-, Architektur- und Hafen-Fan | aus seiner Rede am 1.9.2007 anlässlich der Eröffnung des „Cube" am Hafenweg 24a → 4.3.

Lückertz, Matthias | Vorsitzender des Vereins der Kaufmannschaft, Initiative Starke Innenstadt (ISI) und Geschäftsführer des Lückertz Reisebüros | in: Jörg Heithoff, Trüffelschwein der Modernen Kunst, www.muenster-urban.de/trueffelschwein-der-modernen-kunst/ (am 28.4.2016 aufgerufen) → 21.1. | in: Jörg Heithoff, Die Stadtstärker, www.muenster-urban.de/die-stadtstaerker/ (am 28.7.2016 aufgerufen) → 9.5.

„Lufthansapilot" | TripAdvisor, Onlineportal / Touristikwebsite | Bewertung der Stadt Münster auf www.tripadvisor.de am 20.9.201 (am 6.8.2016 aufgerufen) → 1.4.

Macher, Brigitte (1924–2012) | freie Journalistin, u.a. bei der FAZ und der ZEIT, zog 1973 nach Münster und lernte die Stadt schnell kennen und lieben | Wenn der Schnee den Dom besänftigt, FAZ v. 11.12.1980 → 11.1.; 2.7.

Mai, Alexandra | freie Journalistin aus Münster | in: Münsterland, Heft 3/2014, S. 4 ff. → 19.3.; 21.7.

Mann, Thomas (1875–1955) | Schriftsteller, hielt sich 1911 im Rahmen einer Lesereise in Münster auf | aus einem Brief vom Januar 1911 an seinen Bruder Heinrich Mann, in: Hans Wysling (Hrsg.), Thomas Mann – Heinrich Mann, Briefwechsel 1900–1949, S. Fischer Verlag, Frankfurt/M. 1968 → 8.3.

Mattheson, Johann (1681–1764) | Musikschriftsteller und Komponist | Critica Musica, Band 1, S. 86, Selbstverlag, Hamburg 1722 → 6.2.

Mauz, Gerhard (1925–2003) | Journalist und Gerichtsberichterstatter | Münster Bilderbuch, mit Fotos von Gro Songe-Möller, verlegt und initiiert von Wolfgang Hölker, Werbeteam Wolfgang Hölker, Westbevern 1973 → 22.1.; 13.3.

McCarten, Anthony (*1961) | Drehbuchautor, Dramatiker, Schriftsteller, las im September 2012 in Münster aus seinem Buch „Ganz normale Helden", einer Fortsetzung des Bestsellers „Superhero" | in: Lisa Korthues, Ehe, Affären und Gruppensex, Stadtgeflüster Münster, Januar 2012 → 18.2.

„ME2" | Studis Online, Münster-Klischees (bitte Gegenbeweise!), am 25.5.2012 www.studis-online.de (am 6.8.2016 aufgerufen) → 6.8.

Meier-Lemgo, Karl Ernst (1882–1969) | studierte in Marburg und Berlin Philologie, promovierte 1905 in Marburg, kam 1908 nach Münster ans Schiller-Gymnasium, lehrte dort Griechisch, Latein, Deutsch und Geographie | Aus Alt-Münster, mit 20 eigenen Federzeichnungen und historischen Erinnerungen, Verlag Obertüschen, Münster 1918 → 8.7.

Menne, Matthias | Chefreporter und Comedy-Autor bei Radio Antenne Münster | Notizen vom „Nörgler", dem Querdenker bei radio Antenne Münster, „...mich fragt ja keiner!", LIT Verlag 1994 → 11.12.; 18.12.

Meyer, Stefanie (*1986) | Grafikerin aus Münster, Gestalterin der im münstermitte medienverlag erschienenen farbenfrohen Postkarten | Satz 1 stammt von einer Postkarte, Satz 2 ist eine Untermauerung dieser Aussage → 11.8.

Meyersick, Hermann (*1961) | ehem. Verkehrsdirektor (Leiter Touristik und Stadtwerbung) bei Münster Marketing, Vorstandsmitglied von Historic Highlights of Germany e.V. | in: Uta Ribbert/Heike Hänscheid, Nie ohne meine Leeze! Fahrrad-Geschichten aus Münster, Wartberg Verlag, Gudensberg-Gleichen 2006 → 6.4.

„Modde" | Studis Online, Münster-Klischees (bitte Gegenbeweise!), am 5.9.2009 | www.studis-online.de (am 6.8.2016 aufgerufen) → 5.8.

Moho, Anton | Produzent („Wilsberg" u.a.) und Drehbuchautor („Eis am Stiel" u.a.)|im Interview, www.muenster.de/stadt/filmservice (am 25.8.2016 aufgerufen) → 22.3.

Morthorst, Heinrich (1911–2001) | Bäckermeister, Kiepenkerl und münsterisches Original | in: Gottfried Schäfers, Münsters Originale. Die sich selbst ein Denkmal setzten, Fahle Verlag, Münster 1983, 2. Auflage → 20.9.

„MS-hasser" | Studis Online, Münster-Klischees (bitte Gegenbeweise!), am 26.1.2009 | www.studis-online.de (am 6.8.2016 aufgerufen) → 22.8.

„msju12" | Studis Online, Münster-Klischees (bitte Gegenbeweise!), am 16.9.2012 | www.studis-online.de (am 6.8.2016 aufgerufen) → 10.7.

„Münster2031" | Studis Online, Münster-Klischees (bitte Gegenbeweise!), am 27.6.2013 | www.studis-online.de (am 6.8.2016 aufgerufen) → 5.11.

Müller, Pinkus (1899–1979) | eigentlich Carl, Bierbrauer und Tenor, mehrfacher Prinz Karneval, münstersches Original | in: Esther Bruna, Brauerei Pinkus Müller, Münsters letzte Altbierbrauerei und Altbierküche – entstanden 2008 im Rahmen einer Diplomarbeit im Fachbereich Design an der FH Münster, Oktober Verlag Münster 2009 → 17.3.

„mulomakeimer" | Kommentar zu „Party-Logbuch Münster: Gesoffen und rumgehurt wird auch hier", Unispiegel, v. 26.7.2013, www.spiegel.de/unispiegel/ (am 16.8.2016 aufgerufen) → 4.4.

Murmellius, Johannes (1480–1517) | auch: Johann Murmel, Humanist, Philologe und Dichter aus Roermond in Geldern, kam ca. 1500 als 20jähriger Gelehrter nach Münster an die Domschule (Paulinum) | in: Liselotte Folkerts, Münster. Nicht immer war es Liebe auf den ersten Blick, Laumann-Verlag, Dülmen 1992 → 21.9.

„muunoy" | Kommentar zu „Party-Logbuch Münster: Gesoffen und rumgehurt wird auch hier", Unispiegel, v. 26.7.2013, www.spiegel.de/unispiegel/ (am 16.8.2016 aufgerufen) → 13.9.

Nagorsnik, Klaus Otto | Bibliothekar der Stadtbücherei Münster, bekannt durch Funk und Fernsehen als Quizspieler | wiki.muenster.org (am 24.8.2016 aufgerufen) → 30.1. | Rätselvolles Münster. Das neue Quizbuch, Daedalus Verlag, Münster 2016 → 20.3.

Naunin, Swantje (*1982) | Ärztin für Psychiatrie, Buchautorin aus Münster | in: Ulrike Naunin und Swantje Naunin: Müßiggang durchs Münsterland, Gmeiner Verlag, Meßkirch 2015 → 2.9.

Nebel, Gerhard (1903–1974) | Schriftsteller, Essayist und Kulturkritiker, war 1964 in Münster und hielt einen ausführlichen Rundfunkbeitrag über diesen Besuch, der in Buchform mit Holzschnitten von Reinhard Herrmann erschienen ist | in: Hans Thiekötter (Hrsg.): Liebe auf den ersten Blick – Ein Besuch in Münster, Aschendorff Verlag, Münster 1968 → 2.1.

Nelles, Ursula (*1949) | bis September 2016 Rektorin der Westfälischen Wilhelmsuniversität Münster (WWU), studierte hier auch selbst (Rechtswissenschaften) | aus der Festrede zum Neujahrsempfang der Stadt Münster 2016 → 29.3. | in: Jörg Heithoff, Erfolg mit der Gips-Ei-Strategie, www.muenster-urban.de/erfolg-mit-der-gips-ei-strategie/ (aufgerufen am 28.4.2016) → 23.9.; 25.12.

Nesselrode-Hugenpoet, F. G., Freiherr von | aus dem westfälisch-rheinländischen Adelsgeschlecht derer von Nesselrode | Jan von Laiden oder Die Belagerung von Münster. Ein Trauerspiel in fünf Aufzügen (Vorrede im Manuskript über ein Theaterstück, das um 1534 in Münster spielt), Verlag Philipp Heinrich Perrenon, Münster 1786 → 21.11.

Niemeyer, August Hermann | Konsistorialrat und Leiter der Frankeschen Anstalten, später Rektor der Universität Halle, reiste 1806 durch Westfalen und Holland, schrieb seine „Beobachtungen auf Reisen in und außer Deutschland“ auf | in: Liselotte Folkerts (Hrsg.), Münster. Nicht immer war es Liebe auf den ersten Blick, Laumann-Verlag, Dülmen 1992 → 30.6.

„NorbertHedtfeld“ | Studis Online, Münster-Klischees (bitte Gegenbeweise!), am 22.4.2012 | www.studis-online.de (am 6.8.2016 aufgerufen) → 18.8.

„Nundenn“ | Studis Online, Münster-Klischees (bitte Gegenbeweise!), am 6.3.2013 | www.studis-online.de (am 6.8.2016 aufgerufen) → 15.2.

Ohne Verfasser | Die strategische Ausrichtung, in: Begleitschrift zum Internationalen Symposium „Die Skulptur Projekte und ihr Archiv. Potenziale und Perspektiven“, 19./20.3. 2013, LWL-Museum für Kunst und Kultur → 15.10.

„Orthoklas“ | Kommentar zu „Party-Logbuch Münster: Gesoffen und rumgehurt wird auch hier“, Unispiegel, v. 26.7.2013, www.spiegel.de/unispiegel/ (am 16.8.2016 aufgerufen) → 14.1.

Ortmann, Matthias | Texter, Komponist und Arrangeur für „6-Zylinder“, Band aus Münster | Auszug aus dem Song: Münster ist nicht die Welt, November 2009 → 1.10.

Ostermann, Elisabeth | Journalistin aus Münster | Ahoi, Hafenmädchen!, Stadtgeflüster Münster, 2009 → 1.6.

„Ostwestfale“ | Kommentar zu „Party-Logbuch Münster: Gesoffen und rumgehurt wird auch hier“, Unispiegel, Spiegel Online v. 26.7.2013, www.spiegel.de/unispiegel/ (am 16.8.2016 aufgerufen) → 15.3.

Overschmidt, Peter | Inhaber der gleichnamigen Segelschule am Aasee | in: Thorsten Kambach, Der Neptun Münsters, Stadtgeflüster Münster, Juli 2014 → 9.4.

Patalas, Enno (*1929) | Filmhistoriker und Kritiker, eh. Direktor des Münchner Filmmuseums, studierte Publizistik und Germanistik in Münster | Zitat über den Kult-Film „Alle Jahre wieder“ von Ulrich Schamoni (1967) im Begleitheft der DVD von 2007 (Hrsg.: Volker Jakob im Auftrag des Landschaftsverbandes Westfalen-Lippe) → 4.8.

Peter, Gösta Clemens (*1947) | Fotograf, Autor und begeisterter Münsteraner | Mitten in Münster, münstermitte medienverlag 2013 → 2.3.; 11.6.; 29.10.

„peter punk“ | Studis Online, Münster-Klischees (bitte Gegenbeweise!), am 20.12.2009 | www.studis-online.de (am 6.8.2016 aufgerufen) → 22.4.

Peters, Ulrich (*1955) | seit der Spielzeit 2012/2013 Generalintendant am Theater Münster | in: Christoph Wüllner, Der Intendant und das Streichkonzert, Münster!-Magazin Nr. 7, 10/2012 → 17.8.

Poganatz, Hilmar (*1972) | Autor für Wirtschaft, Reise und Gesellschaft, Redakteur und Dozent, hat in Münster Politologie studiert | Heimat des Regens, Frankfurter Rundschau v. 26.1.2005 → 13.1.

Predeek, Rudolf (1886–1950) | studierte und promovierte in Münster, war als Lehrer, Autor und Redakteur tätig | St. Lamberti und der Prinzipalmarkt zu Münster, Münsterischer Anzeiger, 1. Beilage 1925 → 19.12.

Rademacher, Tilman (*1978) | Gründer des Satireprojekts „Münster Morbid“ | in: Elisabeth Ostermann,

Home sick home, Stadtgeflüster Münster, Januar 2012 → 23.4.

Rammes, Christa (*1940) | Kochbuchautorin | Münster – Das kleine Kochbuch, münstermitte medienverlag 2014, 3. Auflage → 28.4.

Rasche, Monika | Leiterin der Stadtbücherei Münster | in: Uta Ribbert/Heike Hänscheid, Nie ohne meine Leeze! Fahrrad-Geschichten aus Münster, Wartberg Verlag, Gudensberg-Gleichen 2006 → 2.2.

Rau, Johannes (1931–2006) | SPD-Politiker, Bundespräsident (1999 bis 2004), nordrhein-westfälischer Ministerpräsident (1978–1998) | Grußwort am 8.5.1998 zur Eröffnung des neuntägigen Westfälischen Musikfests, das anlässlich der 350-Jahr-Feier des Westfälischen Friedens in Münster stattfand, www.westfaelische-geschichte.de/tex583 → 19.9.

Reingard, Witalli | Lehrer, Spezialist für Suchmaschinenoptimierung und Webentwicklung, studierte in Münster | www.witalli.de (am 30.8.2016 aufgerufen) → 10.11.

Reinke, Jutta | Inhaberin der PR-Agentur SK1 in Münster | in: Persönlicher Fragebogen im Münster!-Magazin Nr. 8 v. November 2012 → 8.11.

Reski, Petra (*1958) | Journalistin und Schriftstellerin, studierte Romanistik und Sozialwissenschaften in Trier, Paris und Münster | Sentimental Journey – Als die Welt noch heil war. Eine Liebesgeschichte über bürgerliches Lebensgefühl und behagliche Landschaften, in: Münster, MERIAN Heft 10/2006 → 5.1.

Rethfeld, Stefan (*1970)|Diplom-Ingenieur, Architekt, Architektur-Journalist und Stadtführer | in: 18. Brillux Architektenforum 2015, www.brillux.de/service/fort-und-weiterbildung/architektenforum/rueckblick/2015-muenster/?L=0 (am 31.7.2016 aufgerufen) → 28.11.

Rhegat, Hamid R. (*1963) | Informatiker, Direktor des GOP Varieté-Theaters in Münster, kam aus Teheran während der Schah-Zeit nach Deutschland | in: Olesya Schaudin, Bühne frei!, MÜNSTER! Magazin Nr. 21, Januar 2014 → 7.4.

Ribbert, Uta (*1941) | Buchautorin/Journalistin | in: Uta Ribbert/Heike Hänscheid, Nie ohne meine Leeze! Fahrrad-Geschichten aus Münster, Wartberg Verlag, Gudensberg-Gleichen 2006 → 15.9.

Riese, Adam (*1966) | Moderator, Entertainer, Showmaster („Adam Riese Show“) und ehem. Punksänger aus Münster | in: Thomas Eickhoff (Hrsg.), Münster Music. Von Alsmann bis Zwillinge, Ardey

Verlag, Münster 2010 → 2.12.

Riewerts, Cornelius (1940–2012) | Journalist und CDU-Politiker, u.a. Leitender Redakteur der Münsterschen Zeitung | aus dem Vorwort zu: Gottfried Schäfers, Münsters Originale. Die sich selbst ein Denkmal setzten, Fahle Verlag, Münster 1983, 2. Auflage → 19.5.; 29.8.

„Rinzai" | Studis Online, Münster-Klischees (bitte Gegenbeweise!), am 24.1.2012 | www.studis-online.de (am 6.8.2016 aufgerufen) → 10.5.

Robert, Mäti (1909–1980) | Pseudonym von Marilies Hoberg, westfälische Autorin | Studentenleben in den zwanziger Jahren, in: Diethard H. Klein / Herbert Grohmann (Hrsg.), Münster. Ein Lesebuch. Die Stadt Münster einst und jetzt in Sagen und Geschichten, Erinnerungen und Berichten, Briefen und Gedichten, S. 25, Husum Verlag 1987 → 10.8. | Eine sehr bürgerliche Stadt, a.a.O. → 30.11.

Rommé, Barbara | Historikerin und Autorin, seit 1998 Direktorin des Stadtmuseums in Münster | Museen in Münster. In Zusammenarbeit mit dem Arbeitskreis Museen in Münster, münstermitte medienverlag, Münster 2014 → 18.1.

Röttgering, Wera (*1944) | Gründerin und Vorsitzende des „Herzenswünsche" e.V. Münster | in: Stadt Münster – Stadtplanungsamt, Fahrradhauptstadt Münster. Alle fahren Rad: Gestern, heute, morgen, Broschüre der Stadt Münster → 13.11.

„Rough Guides" | veröffentlicht online Reise- und Verbraucherinformationen | www.roughguides.com – Germany//North Rhine-Westphalia, Münster (am 23.3.2016 aufgerufen) → 18.4.

Rüber, Johannes (*1928) | Autor, Literaturpreisträger der Stadt München | Mit den Augen der Droste – Eindrücke in und um Münster, in: Peter Windstoßer/Johannes Rüber, Münster. Stadt und Land im Bild, Lechte Verlag, Emsdetten 1982 → 2.11.

Rücker, Helmut (*1939) | Schriftsteller, studierte in Münster und Berlin, arbeitete als Gymnasiallehrer und später in der Schulaufsicht in Münster | Studenten sind auch Menschen, Realsatiren aus Münster, agenda Verlag, Münster 2012 → 11.4.

Saljé, Martje (*1980) | Musikerin, Historikerin, Bloggerin und Türmerin von Münster| Guter Montag, lecker Montag, vom 6.6.2016, tuermerinvonmuenster.wordpress.com/2016/06/06/guter-montag-lecker-montag/#more-1771 (am 6.8.2016 aufgerufen) → 6.1. | in: Stina Rieke, Gehobener Dienst, Stadtgeflüster Münster, März 2014 → 8.12.

Sandra-Marie | Mode-Bloggerin | gepostet am 7.12.2015 auf thisisforartlovers.de/ms-luups-muenster-liebe-deine-stadt/ (am 29.8.2016 aufgerufen) → 26.12.

Sanin, Francisco | Architekt, Dozent, Publizist und Kurator aus Kolumbien, international tätig, vor allem in Großbritannien | Münster City Library: Munster 1993 Architekturburo Bolles-Wilson & Partner: Munster 1987-93, Architekturburo Bolles-Wilson (Architecture in Detail), Phaidon Press Ltd 1994 → 16.1.; 21.4.

Schamoni, Ulrich (1939–1998) | Filmemacher, verbrachte einen Teil seiner Schulzeit in Münster und besuchte hier das Paulinum und das Ratsgymnasium. Münster diente für seinen 1967 entstandenen Film „Alle Jahre wieder", in dem er das Weihnachtsfest deutscher Spießer beschreibt, als Schauplatz |aus dem Begleitheft der DVD „Alle Jahre wieder" (1967), Herausgeber: Volker Jakob im Auftrag des Landschaftsverband Westfalen-Lippe, erschienen 2007 → 28.1. | Die guten Farben kommen langsam durch, in: Münster und das Münsterland, MERIAN Heft 10/1974 → 25.8.

Schiel, Regine | Historikerin und Autorin | Neue Durchbruchstraßen, in: Regine Schiel und Axel Schollmeier, Das unbekannte Münster. Fotos von 1950 bis 1965, S. 13 ff., Aschendorff Verlag, Münster 2013 → 26.4.

Schirge, Rebecca | Redakteurin und Bloggerin aus Bielefeld | Rebeccas Welt – Die Poesie des Reisens, Reiseblog | Nicht ohne mein Fahrrad, sieben Tipps für einen Tag in Münster, gepostet am 13.6.2016, rebeccasreisen.de/europa/deutschland/nicht-ohne-mein-fahrrad-sieben-tipps-fuer-einen-tag-in-muenster/ (am 2.8.2016 aufgerufen) → 8.10.

Schlappn | Musikgruppe | Lied für den Fußball-Club SC Preußen Münster | Mein schönster Fluch, Münster-4Life youtube-Channel www.youtube.com/watch?v=nA21pvkk6lw (am 2.8.2016 aufgerufen) → 6.3.

Schlattmann, Lukas (*1974) | bekannt als Radio Lukas, Medientechniker und Musiker | Für Lau im Zoo / Ludgerikreisel, www.radiolukas.de (am 30.8.2016 aufgerufen) → 27.11.

Schmidt, Olaf / Schwarz, Michael (*1964) | Architekten, Vertretungsprofessoren am Lehrstuhl Gebäudelehre | Hochhaus am Berliner Platz, Münster, Publikation der TU Dortmund, Lehrstuhl Gebäudelehre, Druckverlag Kettler GmbH 2015 → 24.10.

Schmidt-Ehmcke, Christoph | ev. Jugend-Pfarrer im Ruhestand, Projekt Austausch mit Israel (Rishon-le-Zion) | in: Thomas A. Nufer (Hrsg.): 1secMS, 29.2.200, 12:00 Uhr. 110x Münster in einer Sekunde, Druck- und Verlagshaus Bitter, Recklinghausen 2000 → 14.4.

Schnake, Eberhard | Kunsthändler und Galerist, seit 1974 in Münster | Malerisches Münster, Edition Schnake 1984 → 12.7.

Schneberger, Sebastian | Unternehmer aus Münster, Mäzen, Polospieler, lebt abwechselnd in Münster und Argentinien, organisierte 2004 das erste Polopicknick, Erlös und Startgelder kommen karitativen Zwecken zugute | in: Gabriele Hillmoth, Der Polopicknick-Macher..., Westfälische Nachrichten v. 25.7.2015 → 27.9.

Schneider, Thomas (*1951) | Redakteur und Medienmanager | zitiert nach: Klaus Rosing, „Münster in alten und neuen Reisebeschreibungen", S. 253, Droste Verlag, Düsseldorf 1991 → 1.8.

Schnieder, Ludger | seit 1999 Geschäftsführer und künstlerischer Leiter des Theaters im Pumpenhaus in Münster, Mitglied im Landesvorstand für Freies Theater NRW, in der Tanzproduzentenkonferenz NRW und im Beirat für regionale Kulturpolitik Münsterland | in: Jörg Heithoff, Mehr Spaß am Restrisiko, www.muenster-urban.de/mehr-spass-am-restrisiko/ (am 31.8.2016 aufgerufen) → 11.9.; 15.10.

„schrotmont" | Studis Online, Münster-Klischees (bitte Gegenbeweise!), am 13.8.2005 | www.studis-online.de (am 6.8.2016 aufgerufen) → 26.6.

Schücking, Levin (1814–1883) | Autor und Journalist, studierte u.a. in Münster Jura, war auch als Bibliothekar und Redakteur tätig, befreundet mit Annette von Droste-Hülshoff | in: Diethard H. Klein (Hrsg.): Westfälisches Hausbuch. Von guter alter Zeit an Ruhr und Sieg, Lippe und Ems, Freiburg im Breisgau 1983 → 28.6.; 7.11. | Münster, in: Bilder aus Westfalen, R. I. Friderichs, Elberfeld 1860 → 1.12.

Schulte, Hendrik | TV-Autor und Moderator, Mitbegründer des Magazins Stadtgeflüster Münster | Alle Jahre wieder, in: Stadtgeflüster Münster, Dezember 2013 → 26.11.

Schultheiß, Hartwig | Stadtdirektor von Münster (2003–2016) | in einer Rede vor der Wirtschaftsinitiative zum Thema Stadtentwicklung von Münster am 25.6.2015 → 7.5. | in: Hallo Nachbar. Die Zeitschrift der Wohn+Stadtbau Münster GmbH, November 2011, Ausgabe 34 → 5.12.

Schulze, Svenja (*1968) | seit 2010 Ministerin für Innovation, Wissenschaft und Forschung des Landes

NRW | in: André Auf der Landwehr, 1,3 Milliarden für die Erfolgsgeschichte Münster, münster journal v. 08.1.2016, www.muenster-journal.de/2016/01/13-milliarden-fuer-die-erfolgsgeschichte-muenster/ (am 1.9.2016 aufgerufen) → 17.4.

Schulz-Strehlow, Monika (*1949) | Mitgründerin und seit 2006 ehrenamtliche Präsidentin des Vereins FidAR – Frauen in die Aufsichtsräte, Unternehmensberaterin und Lobbyistin | in: Gabriele Hillmoth, Münster war bei uns ein begehrter Studienort, Westfälische Nachrichten v. 16.1.2016 → 21.5.

Schütz, Werner (1900–1975) | Jurist und CDU-Politiker, 1954 bis 1956 sowie von 1958 bis 1962 Kultusminister in NRW | Das Rathaus von Münster – Gestalt und Symbol. Festvortrag zur Einweihung des Historischen Rathauses, in: Haunfelder/Rommé/Schollmeier, Das Rathaus in Münster. Ein Geschenk an die Stadt. Der Wiederaufbau 1948–1958, Aschendorff Verlag, Münster 2008 → 30.4.

Schwarze, Gisela (1932–2015) | Historikerin und Autorin, Lehrerin in Hiltrup, engagierte sich bei der „Volksbühne", für ihre Verdienste um Kultur und historische Aufarbeitung wurde sie mit der Paulus-Plakette der Stadt Münster und dem Bundesverdienstkreuz ausgezeichnet | Betonskelette und Grüne Oasen, in: Diethard H. Klein/Herbert Grohmann (Hrsg.), Münster. Ein Lesebuch, Husum Verlag 1987 → 3.2.; 14.12. | Rund um Münster, a.a.O. → 16.9.

Schweitzer, Albert (1875–1965) | deutsch-französischer Arzt, Philosoph, evangelischer Theologe, Organist und Pazifist, Friedensnobelpreis 1952 | aus seinen Tagebüchern, zitiert nach www.markomannenwiki.de, „Zitate" (am 22.8.2016 aufgerufen) → 1.11.

Soulman Seether (*1983) | eigentlich Dalmar Khalif, Rapper aus Münster | in: „Mein Münster", Lied aus dem Jahr 2012, Münster4Life youtube-Channel www.youtube.com/watch?v=e-a-jyahRL8 (am 3.8.2016 aufgerufen) → 29.1.

Sieger, Dieter (*1938) | Architekt und Designer aus Münster | in: Markus Weckesser, Unterwegs mit Architekt und Designer Dieter Sieger, in: Münstersche Zeitung vom 3.10.2007 → 23.1.

Siewert, Klaus (*1954) | Autor und Professor, studierte in Münster, forscht über deutsche Geheimsprachen und Sondersprachen| Klaus Siewert (Hrsg.): Beinahe mulo gedellt... Textbuch Masematte III. Waxmann Verlag, Münster / New York 1994 → 17.12.

Slawig, Johannes (*1955) | ehem. Referent im Kultur- und Schuldezernat der Stadt Münster, Stadtdirektor von Wuppertal | Die Stadt und ihre Geschichte. Geschichtsorientierte Initiativen und Hilfen zur

Beschäftigung mit Stadtgeschichtlichen Studien, in: Ulrich Kröll (Hrsg.), Geschichte lehren und lernen am Beispiel der Stadt Münster, Verlag Regensberg, Münster 1985 → 22.2.

Sledge, Kim (*1957) und **Debbie** (*1954) | Musikgruppe Sister Sledge | in: Martin Kalitschke, Sie sangen für den Papst und die Clintons, Westfälische Nachrichten v. 9.7.2016 → 27.10.

Söder, Jörn (*1934) | Generalleutnant und Kommandierender General des I. Korps der Bundeswehr (1988–1991) | in: Gasthaus Stuhlmacher Jubiläumszeitung, 100 Jahre Stuhlmacher (1990) → 12.12.

„soundsvio“ | Studis Online, Münster-Klischees (bitte Gegenbeweise!), am 18.1.2013 | www.studis-online.de (am 6.8.2016 aufgerufen) → 24.6.

Spinnen, Bernadette (*1956) | Leiterin von Münster Marketing, Bundesvorsitzende und Sprecherin der Bundesvereinigung City- und Stadtmarketing Deutschland e.V. | in: www.business-on.de, Köpfe der Region. Die Bürger der Stadt stehen zusammen wie eine Eins, v. 3.12.2014 → 28.3.; 13.4. | in: Larissa Schwedes, Wer steckt eigentlich dahinter? Von Marketing, Menschen und Münsterliebe, www.wochenschau-muenster.de (ehem. Online-Auftritt mit Interviews von Stadtgeflüster Münster, am 20.8.2016 aufgerufen) → 8.8.; 13.10.

Spinnen, Burkhard (*1956) | Schriftsteller und Autor aus Münster | In Münster heimisch werden, in: Münster, MERIAN Heft 10/2006 → 12.2.

Stadt Münster | Presseinfo vom 16.9.2009 zur Umfrage „Münster-Bild in Deutschland“ → 20.2.

Stanitzeck, Christian (*1968) | Dipl.-Ing., Architekt, Geschäftsführer der Unternehmensgruppe GOP Architekten & Kaufleute, Münster | anlässlich seiner Rede am 1.9.2007 zur Eröffnung des „Cube“ am Hafenweg 24a → 9.10.

Starzinski, Frank (*1969) | Komponist und Texter für „Die drei Nikoläuse“, Band aus Münster | Musik und Text des Songs „Promenadenmischung“ → 11.10.; 31.10.

Stephan, Steffi (*1947) | Musiker, Inhaber des JOVEL in Münster, Bassist bei Udo Lindenberg, Peter Maffay u.a. | in: Thomas A. Nufer (Hrsg.), 1secMS, 29.2.200, 12:00 Uhr. 110x Münster in einer Sekunde, Druck- und Verlagshaus Bitter, Recklinghausen 2000 → 6.9.

Stiefel, Nikolaus (*1956) | Buchautor und Herausgeber aus Münster | Münster – Das kleine Weihnachtsbuch, münstermitte medienverlag 2012 → 4.12. | in: Nikolaus Stiefel / Eva Maria Koch, Münster – Weihnachtszauber, Zimt & Sterne, münstermitte medienverlag 2013 → 28.12.

Stipriaan, Ulrich van | gebürtiger Ostfriese, Journalist, seit 1990 in Dresden, Presse- und Öffentlichkeitsarbeit an der TU Dresden | STIPvisiten. Reiseberichte und Restaurantkritiken. Alles streng subjektiv, www.stipvisiten.de/ | aus: STIPvisiten 08/2002 (am 21.8.2016 aufgerufen) → 24.8.; 3.12.

Stoffregen-Büller, Michael (*1939) | Journalist, Autor, Leiter des WDR-Landesstudios Münster (Hörfunk und Fernsehen, 1984–1998), Lehrauftrag am Institut für Publizistik an der WWU Münster (1983–1998) | Bastionen stolzen Bürgersinns, in: Münsterland, MERIAN Heft 9/1986 → 29.7.; 6.11.

Strotmann, Bastian | Angestellter der PSD-Bank Münster, Bereich Marketing/Vertriebssteuerung | Misterfolge. Der Münster-Knigge, Stadtgeflüster Münster, www.wochenschau-muenster.com/?q=stories/details/1258 (am 5.8.2016 aufgerufen) → 16.10.

Sturm, Vilma (1912–1985) | Pseudonyme: Anne Detrois, Luise Fels, Katharina, Antoine Stahl; Schriftstellerin und Journalistin, erhielt 1986 den Verdienstorden des Landes NRW sowie 1990 das Bundesverdienstkreuz 1. Klasse | Untersuchung eines Vorurteils, FAZ v. 6.4.1968 → 20.10.

„Talan80" | TripAdvisor, Onlineportal / Touristikwebsite | Bewertung der Stadt Münster, www.tripadvisor.de am 2.6.2010 (am 6.8.2016 aufgerufen) → 12.6.

„Teletobi" | Kommentar zu „Party-Logbuch Münster: Gesoffen und rumgehurt wird auch hier", Unispiegel, v. 26.7.2013, www.spiegel.de/unispiegel/ (am 16.8.2016 aufgerufen) → 27.4.

„thalassa"| Kommentar zu „Party-Logbuch Münster: Gesoffen und rumgehurt wird auch hier", Unispiegel, v. 26.7.2013, www.spiegel.de/unispiegel.de (am 16.8.2016 aufgerufen) → 5.9.

Thoma, Dieter (*1927) | Journalist, Chefreporter des „Kölner Stadtanzeigers", später Chefredakteur des WDR-Hörfunks und Moderator des „Mittagsmagazins", „Kölner Treffs" und „Presseclubs" | Café Dirksen und andere, in: Jürgen Böckling (Hrsg.), Denk ich an Münster… 36 Ansichten einer Stadt, Aschendorff Verlag, Münster 2000 → 11.11.

Tillmann, Berthold (*1950) | CDU-Politiker, Oberbürgermeister von Münster (1999–2009) | Kommentar zur Studie von „Focus Money", die Münster als Wirtschaftsstandort auf Platz 1 in NRW platziert hatte (2008), in: Echo Online, einem nicht mehr aktiven Online-Portal für Nachrichten aus Münster, www.echo-muenster.de/node/47233 (am 30.8.2016 aufgerufen) → 6.6.

Torabi, Mahmoud (*1939) | genannt „Taraneh“ (Melodie), Autor, Maler und Bildhauer | in: Thomas A. Nufer (Hrsg.), 1secMS, 29.2.200, 12:00 Uhr. 110x Münster in einer Sekunde, Druck- und Verlagshaus Bitter, Recklinghausen 2000 → 27.6.

„Truus Lentelink“ | Bewertung mit 5 von 5 Sternen auf der Facebook-Seite von Münster Marketing, gepostet am 6.5.2016 |www.facebook.com/muenstermarketing (am 28.8.2016 aufgerufen) → 25.9.

Tumbrink, Franz | Dichter von Karnevalsliedern aus Münster | Die fidelen Bierkutscher, Stadtschützenfest Münster, Karnevalsschlager Archiv, www.difibi.stadtschützenfest-münster.de/ (am 25.8.2016 aufgerufen) → 22.11.

Twenhöven, Jörg (*1941) | CDU-Politiker, Oberbürgermeister von Münster (1984-1994), seit 2004 Präsident des DRK-Landesverbands Westfalen-Lippe | in: Stadt Münster – Stadtplanungsamt: Fahrradhauptstadt Münster. Alle fahren Rad: Gestern, heute, morgen. Broschüre der Stadt Münster → 21.2.

Vasthoff, Josef | Wirtschaftswissenschaftler und Autor, Kenner und Forscher der niederdeutschen Mundart | in einem Vortrag über „Heimat“ beim Plattdeutschen Gesprächskreis in Münster-Kinderhaus im Februar 2016 → 2.6.

Vernekohl, Wilhelm (1901–1967) | 1927 bis 1951 Feuilletonredakteur der Westfälischen Nachrichten, Stadtrat, 1951 bis 1957 Kulturdezernent in Münster | Münster. Ein kleiner Kulturführer, Verlag der Westfälischen Vereinsdruckerei, Münster/Westfalen 1954 → 27.5.; 13.8.

Viehoff, Tobias | Kaufmann und Vorstand der Initiative Starke Innenstadt (ISI) | in: Jörg Heithoff, Die Stadtstärker, www.muenster-urban.de/die-stadtstaerker/ (am 28.4.2016 aufgerufen) → 18.3.; 20.6.; 29.11.

Vollmer, Walter (1903–1965) | Schriftsteller, Journalist und Dramaturg, sein Werk besteht hauptsächlich aus Ruhrgebietsthemen | Metropolis Westphaliae, in: Westfälische Städtebilder, Bertelsmann Verlag, Gütersloh 1963 → 31.1

Wackernagel, Martin (1881–1962) | Schweizer Kunsthistoriker, 1920–1948 ordentlicher Professor in Münster | Mittelpunkt der Provinz, in: Diethard H. Klein/Herbert Grohmann (Hrsg.), Münster. Ein Lesebuch, Husum Verlag 1987 → 19.1.

Weber, Andreas | münsterischer Satire-Autor und Blogger | Durchblick-Münster. Wahrheit und Satire, durchblick-muenster.blogspot.de v. 4.2.2015 (am 6.8.2016 aufgerufen) → 11.2.

Wehland, Henning (*1971) | Musiker und Produzent, Gründer der münsterschen Band „H-Blockx“, gründete mit Thorsten Kambach die münstersche Werbe-Agentur „Dachboden“ | in: Thorsten Kambach im

Interview mit Henning Wehland, Stadtgeflüster Münster, Februar 2016 → 10.1.

Weiler, Jan (*1967) | Journalist und Autor, hat von September 2005 bis Juni 2006 auf einer Lesereise durch Deutschland Tagebuch geführt | In meinem kleinen Land, rowohlt 2006 → 13.2.; 4.7.

Weiß, Konrad (1880–1940) | Schriftsteller und Dichter, Redakteur und Kunstkritiker | Eine rechte Sonntagsstadt, in: Deutschlands Morgenspiegel. Ein Reisebuch in zwei Teilen, Erster Teil, Hochland-Bücherei im Kösel Verlag, München 1950 → 23.11.

Weitkamp, Andreas | seit 2008 Geschäftsführer des Modehauses Schnitzler in Münster | in: Thorsten Kambach, Auf die nächsten hundert Jahre, Stadtgeflüster Münster, April 2012 → 28.9.

Wengierek, Martina | Journalistin und Autorin, schreibt Sachbücher, Reiseführer und u.a. für die Kieler Nachrichten | in: Martina Wengierek/Jost Schilgen, So schön ist Münster, Verlag K. Mader 1996 → 24.3.

Wieduwilt, Julia | Reiseverkehrsfachfrau und Vertriebsassistentin im Hotel Kaiserhof | aus: „Glühwein, gebrannte Mandeln und stimmungsvolle Beleuchtung: Die Weihnachtsmärkte von Münster", www.kaiserhof-muenster.de/blog/in-und-um-munster/weihnachtsmarkt-muenster/ (am 6.8.2016 aufgerufen) → 27.12.

Wienhardt, Peter von (*1966) | seit 2006 Professor für Klavier und Crossover in Münster, Intendant der AaSeerenaden Münster (Open-Air-Festival) | in: Johannes Loy, ‚Musikalische Strahlkraft' am Aasee, Westfälische Nachrichten v. 16.6.2016 → 3.11.

Wilms, Thomas | seit 2016 Zoodirektor im Allwetterzoo Münster, vorher in Frankfurt | www1.wdr.de/nachrichten/westfalen-lippe/neuerzoodirektor.html (am 6.7.2016 aufgerufen) → 4.9.

Windscheid, Leon (*1989) | Doktorand aus Münster, Sieger des RTL-Quiz „Wer wird Millionär?", Eigentümer des Party-Schiffs „MS Günther" in Münster | in: Christoph Schwartländer im Interview mit Leon Windscheid, in: MÜNSTER! Magazin Januar 2016 → 8.6.

Winter, Kalli (†1975) | Dichter und Komponist von Karnevalsliedern | Die fidelen Bierkutscher, Stadtschützenfest Münster, Karnevalsschlager Archiv www.difibi.stadtschützenfest-münster.de/ (am 30.8.2016 aufgerufen) → 14.11.

Wirtschaftsförderung Münster | Standort Münster, www.wfm-muenster.de/ (am 6.8.2016 aufgerufen) → 5.4.; 3.5.